就业技能培训教材

道路施工基本技能

(第2版)

主　编　毛　刚
副主编　姚浩刚　王迎春

中国劳动社会保障出版社

图书在版编目(CIP)数据

道路施工基本技能/毛刚主编. -- 2版. -- 北京：中国劳动社会保障出版社，2023
就业技能培训教材
ISBN 978-7-5167-6119-9

Ⅰ.①道… Ⅱ.①毛… Ⅲ.①道路施工-职业培训-教材 Ⅳ.①U415

中国国家版本馆 CIP 数据核字(2023)第 250778 号

中国劳动社会保障出版社出版发行

(北京市惠新东街1号 邮政编码：100029)

*

保定市中画美凯印刷有限公司印刷装订　新华书店经销
880 毫米×1230 毫米　32 开本　4.875 印张　112 千字
2023 年 12 月第 2 版　2023 年 12 月第 1 次印刷

定价：15.00 元

营销中心电话：400-606-6496
出版社网址：http://www.class.com.cn

版权专有　　侵权必究

如有印装差错，请与本社联系调换：(010) 81211666
我社将与版权执法机关配合，大力打击盗印、销售和使用盗版图书活动，敬请广大读者协助举报，经查实将给予举报者奖励。
举报电话：(010) 64954652

前　言

《国务院关于推行终身职业技能培训制度的意见》（国发〔2018〕11号）提出，要围绕就业创业重点群体，广泛开展就业技能培训。为促进就业技能培训规范化发展，提升培训的针对性和有效性，我们对原职业技能短期培训教材进行了优化升级，组织编写了就业技能培训系列教材。本套教材以相应职业（工种）的国家职业技能标准和岗位要求为依据，力求体现以下特点：

全。教材覆盖各类就业技能培训，涉及职业素质类，农业技能类，生产、运输业技能类，服务业技能类，其他技能类五大类。

精。教材中只讲述必要的知识和技能，强调实用和够用，将最有效的就业技能传授给受培训者。

易。内容通俗，图文并茂，易于学习。

本套教材适合于各类就业技能培训。欢迎各单位和读者对教材中存在的不足之处提出宝贵意见和建议。

内容简介

道路施工涉及面较广、涉及内容较多，本书着重阐述路基、路面、涵洞施工基本技能。

本教材从道路施工岗位工作要求出发，参照现行国家标准和行业标准编写，突出技能操作，强化技能的实用性。学员学习本教材有助于掌握道路施工应知应会的基本技能，实现上岗就业。

本教材可作为农村进城务工人员、就业与再就业人员、在职人员的培训教材。

本教材由毛刚任主编，姚浩刚、王迎春任副主编，赵团锋、周丹参与编写。

目 录

第1单元 岗位认知 ·· 1

模块1 道路施工工人的职业道德与职业守则·············· 1

模块2 道路施工的基本概念······························· 3

模块3 道路施工工人的工作内容·························· 6

模块4 安全生产基本常识································· 6

第2单元 路基施工基础知识和基本技能ꞏꞏꞏꞏꞏꞏꞏꞏꞏꞏꞏꞏꞏꞏꞏꞏꞏꞏꞏꞏꞏꞏ 19

模块1 路基施工基础知识································ 19

模块2 路基填筑、开挖施工基本技能ꞏꞏꞏꞏꞏꞏꞏꞏꞏꞏꞏꞏꞏꞏꞏꞏꞏꞏ 26

模块3 排水工程施工基本技能ꞏꞏꞏꞏꞏꞏꞏꞏꞏꞏꞏꞏꞏꞏꞏꞏꞏꞏꞏꞏꞏꞏꞏꞏꞏꞏ 43

模块4 路基边坡防护施工基本技能ꞏꞏꞏꞏꞏꞏꞏꞏꞏꞏꞏꞏꞏꞏꞏꞏꞏꞏꞏꞏꞏꞏ 49

第3单元 路面施工基本技能ꞏꞏꞏꞏꞏꞏꞏꞏꞏꞏꞏꞏꞏꞏꞏꞏꞏꞏꞏꞏꞏꞏꞏꞏꞏꞏꞏꞏꞏꞏꞏꞏꞏꞏꞏꞏꞏ 59

模块1 路面施工基础知识································ 59

模块2 路面基层施工基本技能ꞏꞏꞏꞏꞏꞏꞏꞏꞏꞏꞏꞏꞏꞏꞏꞏꞏꞏꞏꞏꞏꞏꞏꞏꞏꞏ 61

模块 3　路面功能层施工基本技能 …………………………… 70

模块 4　沥青混合料路面面层施工基本技能 …………………… 78

模块 5　水泥混凝土路面面层施工基本技能 …………………… 99

第 4 单元　涵洞施工基本技能 ……………………………………… 119

模块 1　涵洞的基础知识 …………………………………………… 119

模块 2　钢筋混凝土圆管涵装配式施工基本技能 ……………… 125

模块 3　钢筋混凝土盖板涵现浇施工基本技能 ………………… 136

模块 4　钢筋混凝土箱涵顶管施工基本技能 …………………… 139

第1单元 岗位认知

模块1 道路施工工人的职业道德与职业守则

一、职业道德定义

职业道德是指在一定职业活动中应遵循的、体现一定职业特征的、调整一定职业关系的职业行为准则和规范。

二、道路施工工人的职业道德

1. 爱岗敬业

爱岗指热爱自己的本职工作，能够为做好本职工作尽心尽力。敬业指用恭敬严肃的态度来对待自己的职业，对自己的工作专心、负责。那么，爱岗敬业就是说，要立足本职岗位，乐业、勤业、精业，恪尽职守，以最高的标准完成本职工作，尽职、尽责。

道路系统倡导"铺路石"精神，用先进典型人物"引路"，教育从业者立足本职、爱岗敬业。

2. 诚实守信

诚实是一种内在品质，守信是一种外在行为，诚实守信是指诚实待人、诚实做事、表里如一、信守承诺。诚实守信是良好品德的基础，是中华民族的传统美德。

在道路工程施工建设领域，为进一步规范道路施工工人诚实守信的行为，并增强其诚信履约意识，国家相关部门曾组织开展了公路水运工程施工企业信用评价活动，并发布了一系列文件，要求活动遵循公平、公正、公开的原则，最后评价结果实行公示、公告制度。群众可对施工企业和相关人员的失信行为，以及信用评价工作中的违纪、违规行为等，向有关交通运输主管部门举报。举报采用实名、书面方式，其结果纳入社会诚信体系。

3. 工匠精神

党的十九大报告强调，建设知识型、技能型、创新型劳动者大军，弘扬劳模精神和工匠精神。工匠精神是一种严谨认真、精益求精、追求完美、勇于创新的精神，是职业道德、职业能力、职业品质的体现，是从业者的一种职业价值取向和行为表现。可从六个维度对工匠精神加以界定，即专注、标准、精准、创新、完美、人本（以人为本）。其中，专注是工匠精神的关键，标准是工匠精神的基石，精准是工匠精神的宗旨，创新是工匠精神的灵魂，完美是工匠精神的境界，人本是工匠精神的核心。

道路施工工人应发扬不畏艰辛、不惧困难、不辱使命的铁军精神，做好每一项工作，把工匠精神传承和发扬下去。

4. 服务群众贡献社会

服务群众是从服务的具体对象角度提出的，贡献社会是从服务的理想境界角度提出的。

从业者是社会的一员，在为群众提供服务时，也接受着群众所提供的各种服务，即"我为人人，人人为我"。从职业道德的角度看，从业者必须做到"我为人人"，发挥职业和岗位的基本职能，向社会提供应有的优质服务，否则就没有尽到本职工作的责任和义务，职业的社会本质也就无从体现。

贡献通常是指岗位贡献，这是职业道德的最高境界，也是服务群众的集中表现。落实在我们的职业生涯中，就是要通过兢兢业业的职业活动，为社会、为他人多贡献一点力量。每位从业者，不论分工如何、能力大小，都应在本职岗位上通过不同的形式为国家和人民做贡献。

修路搭桥，服务群众，功在当代，利在千秋。道路施工工人要有服务群众奉献社会的职业道德，为道路施工事业贡献力量。

三、职业守则定义

职业守则是针对某一职业特点制定的从业人员具体的行为规范。

四、道路施工工人的职业守则

道路施工工人在工作过程中需要遵守的职业守则如下。
1. 遵纪守法，爱岗敬业。
2. 忠于职守，吃苦耐劳。
3. 谦虚谨慎，团结协作。
4. 规范操作，保证质量。
5. 钻研业务，提高技能。
6. 安全生产，文明施工。

模块 2　道路施工的基本概念

一、道路、公路的定义及公路的分级

道路是指公路、城市道路和虽在单位管辖范围但允许社会机动车通行的地方，包括广场、公共停车场等用于公众通行的场所。

公路是指经公路主管部门验收认定的城间、城乡间、乡间能行驶汽车的公共道路。

公路按使用任务、功能和适应的交通量可分为高速公路、一级公路、二级公路、三级公路、四级公路五个等级。公路按行政等级可分为国家公路、省公路、县公路、乡公路（简称为国、省、县、乡道）以及专用公路五个等级。一般把国道和省道称为干线，把县道和乡道称为支线。

二、道路的组成

道路由路线工程和结构工程两部分组成。

路线由直线和曲线组成。

道路的结构组成主要包括路基、路面、桥涵、隧道等。

1. 路基

路基是路面的基础，指在天然地表上按照道路路线和一定技术要求开挖或填筑而成的带状岩土结构物。

路基由路基主体工程和各类路基设施组成。路基主体工程是指路基断面中的填挖部分；路基设施是指为确保路基的强度与稳定性而设置的必要的附属设施，包括排水设施、防护设施、加固设施等。

2. 路面

路面是由各种混合料铺筑而成的，是道路工程的一个重要组成部分。铺筑路面，一方面隔离并保护了路基，避免路基直接承受车辆、雨雪等的破坏作用，可保护路基长期处于稳定状态；另一方面，可以提高道路平整度，改善路况，从而保证汽车能以一定的速度，安全、舒适、经济地在道路上通行。

3. 桥涵（桥梁、涵洞）

桥梁是指为使道路跨越河流、山谷等天然或人工障碍物而建造的人工构筑物，一般由上部结构、下部结构、附属结构、支座等部分组成。

涵洞是指为排泄地表水而设置的、横穿路堤的小型排水构筑物，一般由基础、洞身、洞口组成。

4. 隧道

隧道是指为使道路从地层内部或水底通过而修建的构筑物。隧道包括主体构筑物和附属设施两部分。主体构筑物由洞身和洞门组成；附属设施包括避车洞、消防设施、应急通信和防排水设施，有时还包括通风和照明设施（隧道较长时会设置）。

三、道路施工的方法

道路施工的方法按技术特点大致可分为三种：人工施工、简易机械化施工、机械化施工。选择道路施工方法时，应根据工程性质、工程数量、施工期限以及可能获得的人力和机械设备等条件来考虑，并且应因地制宜，综合使用多种方法。

1. 人工施工

人工施工是传统方法，工人使用手工工具进行道路工程的施工，存在劳动强度大、工效低、进度慢、工程质量难以保证等问题。人工施工适用于机械无法进场或缺乏机械的工程、工程量小而分散的零星工程、无法开展机械化作业的工程（如砌体工程）以及某些辅助性工程（如边坡整修工程）等。

2. 简易机械化施工

简易机械化施工是以人力为主、配以机械的施工方法，可以降低劳动强度，加快施工进度。简易机械化施工适用于小型道路工程。

3. 机械化施工

机械化施工是使用配套机械，使主机与辅机相互配合，共同完成主要工序的、机械化作业施工方法。机械化施工降低了劳动强度，加快了施工进度，提高了工程质量，降低了工程造价，同时能保证施工安全，是加速道路建设、实现道路施工现代化的根本途径。机械化施工适用于大中型道路工程，现广泛应用于各等级公路建设。

模块 3　道路施工工人的工作内容

道路施工工人是指使用工具、设备对路基、路面、桥涵、隧道等进行修筑及养护的人员。道路施工工人包括筑路工、养护工等，其主要工作内容如下。

1. 进行路基成型作业。
2. 治理翻浆、防水、防雪、防风沙、清理滑坍。
3. 挂线、冲筋。
4. 制作道路标志及路面标线。
5. 监测、巡视道路状况，填写记录单。
6. 对沥青混合料、水泥混凝土等路面进行施工、维护、保养。
7. 使用机械设备，排除路障，并对损坏部位进行修复。
8. 维护、抢修、加固。
9. 进行桥梁、隧道中金属的防锈、除锈。
10. 测定隧道内一氧化碳等有害气体的浓度。
11. 配制路面、桥面等接缝用的填缝料。
12. 铺筑方砖、石板路面。
13. 识别通信用灯光信号，指挥道路施工。

模块 4　安全生产基本常识

安全生产是保护劳动者的安全与健康、保护国家财产、促进社会生产力发展的基本保证，也是社会主义经济发展的基本条件，因此做好安全生产工作具有极其重要的意义。

一、职业伤害事故类别

道路施工常见伤害事故类别及伤害形式见表 1-1。

表 1-1　　道路施工常见伤害事故类别及伤害形式

常见事故类别	常见伤害形式
物体打击	空中落物、崩块和滚动物体的砸伤
	触及固定或运动中的硬物、反弹物的碰伤、撞伤
	器具等硬物的击伤
	碎屑、破片的飞溅伤害
高处坠落	从脚手架坠落的伤害
	从洞口、坑口、边坡坡顶边缘坠落的伤害
	从机械设备上坠落的伤害
	其他因滑跌、踩空、拖带、碰撞、翘翻、失衡等引起的坠落伤害
机械伤害	机械转动部分的绞入、碾压和拖带伤害
	机械工作部分的钻、削、锯、击、撞、挤、砸、轧等的伤害
	误入机械容器和运转部分的伤害
	机械部件的飞出伤害
	机械失稳和倾翻事故的伤害
	其他因机械安全保护设施欠缺、失灵和违章操作所引起的伤害
起重伤害	起重机械设备的折臂、断绳、失稳、倾翻事故的伤害
	吊物失衡、脱钩、倾翻、变形和折断事故的伤害
	操作失控、违章操作和载人事故的伤害
	加固、翻身、支撑等措施实施不当引起的伤害
	其他起重作业中出现的砸、碰、撞、挤、压、拖的伤害
触电	起重机械臂杆或其他导电物体搭碰高压线的事故伤害
	带电电线（缆）断头、破口的触电伤害
	挖掘作业损坏埋地电缆的触电伤害
	电动设备漏电伤害

续表

常见事故类别	常见伤害形式
触电	雷击伤害
	拖带电线造成的电线绞断、破皮伤害
	电闸箱、控制箱漏电和误触伤害
坍塌	沟壁、坑壁、边坡、洞室等的土石方坍塌伤害
	因基础掏空、沉降、滑移或基础不牢等引起的其上建（构）筑物的坍塌伤害
	施工中的建（构）筑物的坍塌伤害
	施工临时设施的坍塌伤害
	堆置物的坍塌伤害
	脚手架、井架、支承架的倾倒和坍塌伤害
	支承物不牢引起其上物体的坍塌伤害
火灾	电器和电线着火引起的火灾伤害
	违章用火和乱扔烟头引起的火灾伤害
	电、气焊作业时引燃易燃物的火灾伤害
	爆炸引起的火灾伤害
	雷击引起的火灾伤害
	自燃和其他因素引起的火灾伤害
爆炸	工程爆破措施实施不当引起的爆破伤害
	雷管、火药和其他易燃易爆物资保管不当引起的爆炸事故伤害
	施工中电火花和其他明火引燃易爆物造成的事故伤害
	哑炮处理中的事故伤害
	乙炔罐回火爆炸伤害
中毒和窒息	一氧化碳中毒引起的窒息伤害
	沥青中毒伤害
	在有毒气体存在和空气不流通场所施工的中毒、窒息伤害
	高温场所作业中暑伤害
	其他化学品中毒伤害

续表

常见事故类别	常见伤害形式
其他伤害	钉子扎脚和其他扎伤、刺伤
	拉伤、扭伤、跌伤、碰伤
	烫伤、灼伤、冻伤、干裂伤害
	溺水和涉水作业伤害
	从事身体机能不适宜作业的伤害
	在恶劣环境下从事不适宜作业的伤害
	疲劳和其他自持力变弱情况下进行作业的伤害
	其他意外事故伤害

二、安全防范措施

1. 班组安全技术交底

班组安全技术交底是对施工过程中存在较大安全风险的项目提出技术性的安全措施。工程施工一线的道路施工工人一定要重视个人安全，做好班组安全技术交底工作，将工作过程中的安全要求落实到位。

（1）工作要求。在生产过程中，施工单位要组织有关人员按如下要求做好班组安全技术交底工作。

1）施工技术人员应向班组长（施工作业班组负责人）和施工工人进行安全技术交底。

2）班组长每天应根据当天作业的施工要求、作业环境，分部位、工种向工人进行工前安全技术交底，并做好记录，履行签字手续。重点部位的施工安全技术交底宜由施工单位技术人员组织。

3）专职安全生产管理人员应督促施工班组做好交底工作，增强施工工人安全防范意识，指导施工现场安全作业，确保施工安全。

4）新进场工人在上岗操作前，施工单位质量、安全管理部门应联合对其进行相应工种安全技术操作规程的交底。操作内容或作业场地变化时，应重新进行安全技术交底。

5）施工工人应按交底的要求施工，不得擅自变更。

（2）重点内容

1）告知施工过程中的作业危险点、重大风险源及危害因素。

2）告知针对危险点和重大风险源制定的具体预防措施。

3）告知作业过程中应注意的安全事项。

4）告知特殊工序的操作方法，以及相应的安全操作规程和要求。

5）告知发生安全生产事故后应采取的自救方法、紧急避险、紧急救援措施等。

2. 个人安全防护基本规定

（1）施工工人必须配备符合国家现行标准的劳动防护用品，并按规定或作业要求正确使用。

（2）劳动防护用品应按照"谁用工，谁负责"的原则，由用人单位为施工工人按作业工种配备。

（3）施工工人必须佩戴安全帽、穿工作鞋和工作服；进入施工现场人员，一律须佩戴安全帽。

（4）在2m及以上的高处作业时，若无可靠安全防护设施，必须系挂安全带。

（5）从事机械作业的长发工人应配备安全帽等个人防护用品。

（6）从事登高架设作业、起重吊装作业的施工工人应配备防止滑落的劳动防护用品。

（7）在自然强光环境下作业的施工工人应配备防止强光伤害的劳动防护用品。

（8）从事施工现场临时用电工程作业的施工工人应配备防止触电的劳动防护用品。

（9）从事焊接作业的施工工人应配备防止触电、灼伤、强光伤害的劳动防护用品。

（10）从事锅炉、压力容器、管道安装作业的施工工人应配备防止触电、强光伤害的劳动防护用品。

（11）从事防水、防腐、油漆作业的施工工人应配备防止触电、中毒、灼伤的劳动防护用品。

（12）从事基础施工、主体结构施工、屋面施工、装饰装修的施工工人应配备防止身体、手足、眼部等受到伤害的劳动防护用品。

（13）作业环境温度较低时（如冬季施工），应为施工工人配备防寒类防护用品。

（14）雨期施工应为室外施工工人配备雨衣、雨鞋等个人防护用品；非雨期，也应为作业环境潮湿或水中作业的人员配备相应的劳动防护用品。

三、安全标志

安全标志能够提醒工作人员预防危险，从而避免事故发生；当危险发生时，能够指示人们尽快逃离，或者指示人们采取正确、有效、得力的措施。道路施工工人需掌握安全标志的含义，并根据施工现场的安全标志采取行动，避免安全事故的发生。

安全标志可分为禁止标志、警告标志、指令标志、提示标志四类，见表1-2。

表1-2　　　　　　　　安全标志

标志类型	含义	特点	示例	图例
禁止标志	不准或制止人们的某些行动	带斜杠的红色圆环，黑色符号，白色背景	共40个，如禁止吸烟、禁止通行、禁止烟火、禁止跨越等	禁止吸烟

续表

标志类型	含义	特点	示例	图例
警告标志	警告人们可能发生的危险	黑色正三角形，黑色符号，黄色背景	共39个，如注意安全、当心触电、当心吊物、当心坠落、当心坑洞等	当心触电
指令标志	必须遵守	圆形，白色符号，蓝色背景	共16个，如必须戴安全帽、必须系安全带、必须戴防护手套、必须穿防护服等	必须戴安全帽
提示标志	示意目标的方向	方形，白色符号，绿色背景	共8个，如紧急出口、应急避难场所、可动火区、急救点、应急电话、紧急医疗站等	可动火区

四、劳动防护用品

1. 常用劳动防护用品

劳动防护用品包括安全帽、安全带、防护服、防护鞋、防护手套等。

（1）安全帽。安全帽是指对使用者头部起防护作业的帽子，可以帮助使用者抵御坠落物或小型飞溅物等引起的伤害，一般由帽壳、下颌带、缓冲垫、吸汗带、顶带组成，如图1-1所示。安全帽是施工现场所有人员的必备防护用品，不仅可以在视线不佳的阴天、雨天或雾天让其他人员注意到使用者，还可以有效保护使用者的头部，降低风险。

安全帽的使用有以下注意事项。

1）安全帽是一种标志，我们可以直接通过颜色区分使用者的类别。一般规定：生产工人佩戴黄色安全帽，施工工人佩戴蓝色安全

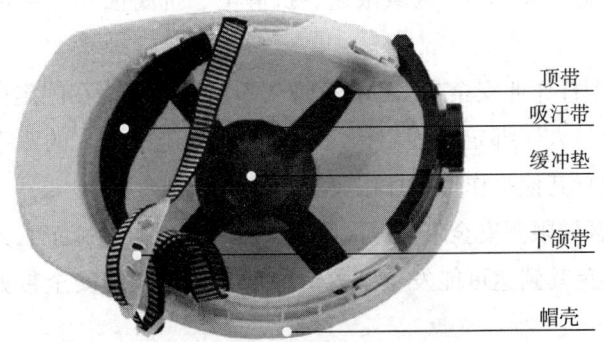

图 1-1 安全帽组成

帽,安全员佩戴红色安全帽,管理人员佩戴白色安全帽。其中,黄色和白色醒目程度最好。

2)安全帽应在有效期内使用,每年要定期进行一次检查,若发现异常现象不得佩戴。

3)佩戴安全帽应按照使用者的头型调整到合适位置,下颌带必须扣在颌下且松紧度要合适,不得前后反戴安全帽或不扣带扣。

4)安全帽标志由永久性标志和其他标志组成。每顶安全帽都应包括以下永久性标志:执行的标准编号、制造厂家、生产日期、产品名称、产品的分类标记、产品的强制报废期限。

(2)安全带。安全带是防止高处施工工人发生坠落或发生坠落后将施工工人安全悬挂的个体防护装备,根据操作方法、穿戴类型的不同,可分为全身安全带及半身安全带。安全带的标志由作业类别、产品性能两部分组成。作业类别:以字母 W 代表围杆作业安全带,以字母 Q 代表区域限制安全带,以字母 Z 代表坠落悬挂安全带。产品性能:以字母 Y 代表一般性能,以字母 J 代表抗静电性能,以字母 R 代表阻燃性能,以字母 F 代表抗腐蚀性能,以字母 T 代表适合特殊环境的性能,各种性能可组合。例如,围杆作业、一般安全带可表示为"W-Y",区域限制、抗静电、抗腐蚀安全带可表示为"Q-JF"。

1)围杆作业安全带。围杆作业安全带通过围绕在固定构筑物上的绳或带将人体绑定在固定构筑物附近,使施工工人的双手可以解放出来进行其他操作。围杆作业安全带如图1-2所示。

2)区域限制安全带。区域限制安全带用以限制施工工人的活动范围,避免其到达可能发生坠落的区域。区域限制安全带如图1-3所示。

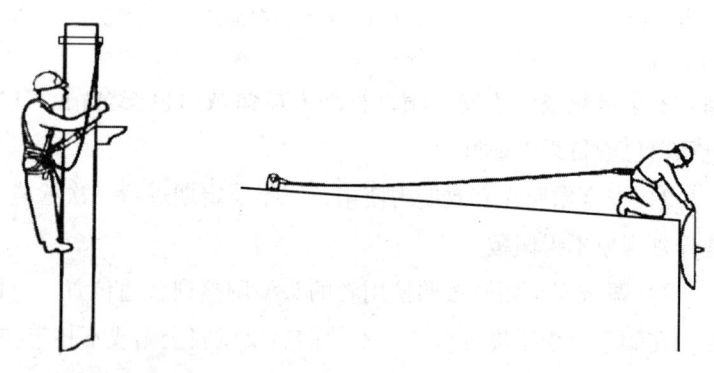

图1-2 围杆作业安全带　　　　图1-3 区域限制安全带

3)坠落悬挂安全带。高处作业或登高人员发生坠落时,坠落悬挂安全带能支撑和控制人体,分散冲击力,将使用者安全悬挂,避免人体受到伤害。坠落悬挂安全带如图1-4所示。

(3)防护服。防护服(见图1-5、图1-6)穿于施工工人躯干部位,由棉、纤维、皮革、橡胶、金属和反光材料等制成,具有防水、防辐射、防穿刺、防腐蚀、绝缘、作业警示和保护躯干的作用。

穿防护服应注意如下要求。

1)普通施工工人应按工种要求配备棉质防护服,特殊施工工人应配备特殊作业防护服。

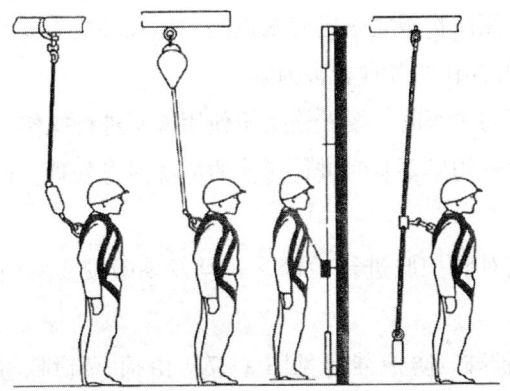

图 1-4　坠落悬挂安全带

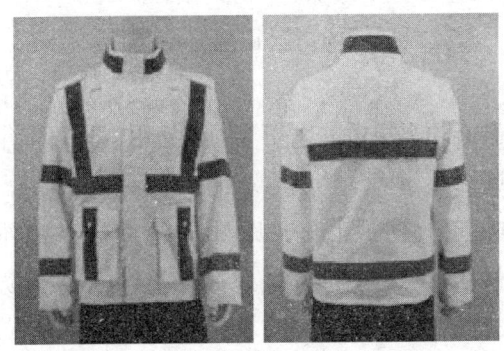

图 1-5　防护服（白天，无灯光照射）

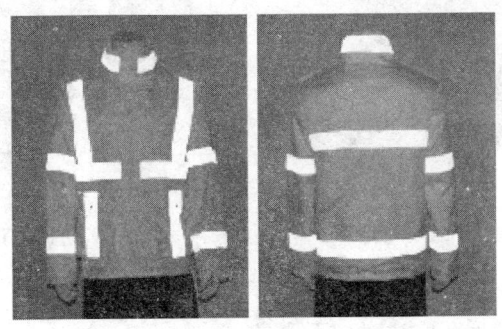

图 1-6　防护服（夜晚，有灯光照射）

2）在选用防护服时一定要根据实际作业环境需要来选择，要考虑到作业场所存在的各种有害因素。

3）使用防护服时，要严格按照使用说明进行操作。

4）每次使用后要及时进行必要的清洗消毒处理，以防损害防护服性能。

5）定期对防护服进行检修，一旦发现破损要及时修补或更换新的。

（4）防护鞋。防护鞋（见图1-7）由棉、纤维、皮革、橡胶、金属等材料制成，具有防滑、防砸、防穿刺、防腐蚀、绝缘等作用。

穿防护鞋应注意如下要求。

1）施工工人应根据现场情况正确穿防护鞋，电工、电焊工必须穿电绝缘鞋。

2）绝缘鞋必须在规定的电压范围内使用，且每半年要对其进行一次预防性试验。

（5）防护手套。防护手套（见图1-8）由棉、纤维、皮革、橡胶、金属等材料制成，具有防滑、防切割、防污染、防腐蚀、绝缘等作用。

图1-7　防护鞋

图1-8　防护手套

佩戴防护手套应注意如下要求。

1）应选择能提供足够防护、符合人类工效学、佩戴舒适、操作灵活的防护手套。

2）若手部同时受到多种危害因素的威胁，应选用同时能防御多种危害的防护手套，或者多层佩戴，在保证防护的有效性的同时兼顾使用的灵活性。

（6）其他防护用具。其他防护用具是用来进行人体眼、鼻、耳等器官功能保护的用品，主要包括防护目镜、防护面罩和防护耳罩等，如图1-9至图1-11所示。

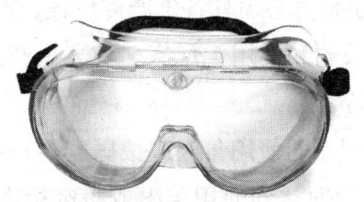

图1-9　防护目镜

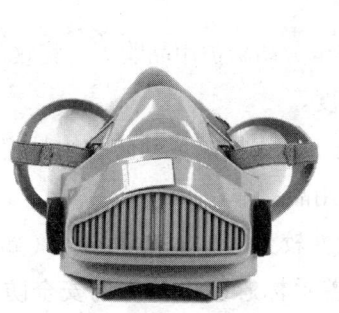　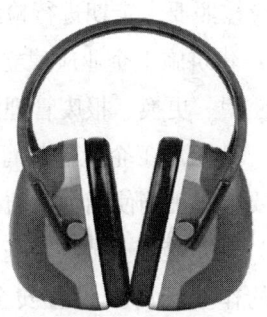

图1-10　防护面罩　　　图1-11　防护耳罩

佩戴其他防护用品应注意如下要求。

1）金属切割、混凝土及岩石打凿施工工人必须佩戴防护目镜。

2）电焊施工工人必须佩戴焊接防护面罩，气焊施工工人必须佩戴焊接防护眼镜。

3）防灰尘、烟雾、有轻微毒性或刺激性较弱的有毒气体的防护眼镜必须密封，遮边无通风孔，与面部接触严密，镜架应耐酸、耐碱。

4）混凝土施工工人、沥青施工工人、隧道钻孔清渣施工工人必须佩戴防护面罩。

2. 劳动防护用品使用管理

（1）建筑施工企业为施工工人配备的劳动防护用品必须符合国家有关标准，经本单位安全生产管理部门审查合格后方可使用。选定的劳动防护用品供货方必须具备生产许可证、产品合格证等证件。建筑施工企业不得采购和使用无厂家名称、无产品合格证、无安全标志的劳动防护用品。

（2）劳动防护用品的使用年限应按国家现行相关标准执行。建筑施工企业应统一收回达到使用年限或报废标准的劳动防护用品，然后为施工工人配备新的劳动防护用品。劳动防护用品有定期检测要求的应按照要求定期进行检测。

（3）建筑施工企业应建立健全劳动防护用品购买、验收、保管、发放、使用、更换、报废管理制度。

（4）建筑施工企业应教育施工工人按照劳动防护用品使用规定和防护要求，正确使用劳动防护用品。

（5）建筑施工企业应在危险性较大的施工作业场所（如具有尘毒危害的作业场所）设置安全警示标志及应使用的安全防护用品标志。

第2单元 路基施工基础知识和基本技能

模块1 路基施工基础知识

一、路基的构造

路基是道路的基本结构，是支撑路面结构的基础，与路面共同承受行车荷载的作用、气候的变化和各种自然灾害的影响。因此，路基必须有足够的强度和稳定性，并且在行车条件下不会被破坏或产生过度的变形，还要能抵抗雨、雪、风沙等的侵蚀。

路基的构造主要是指路基的几何要素，包括路基宽度、路基高度和路基边坡坡度。

高速公路、一级公路的路基分为整体式路基和分离式路基两类，整体式路基的标准横断面由行车道、中间带、路肩等部分组成，分离式路基的标准横断面由行车道、路肩等部分组成，两种路基的最主要区别在于有无中间带。二级及二级以下公路路基的标准横断面由行车道、路肩等部分组成，无中间带。公路路基标准横断面示意图如图2-1所示。

1. 路基宽度

路基宽度是路基横断面两侧路肩外边缘之间的距离，一般为行车道、路肩、中间带（含内侧路缘带）、变速车道、爬坡车道（变速车道和爬坡车道只在特殊路段才有）等的宽度之和。根据公路等级及通行能力要求,需要采用不同的路基宽度。

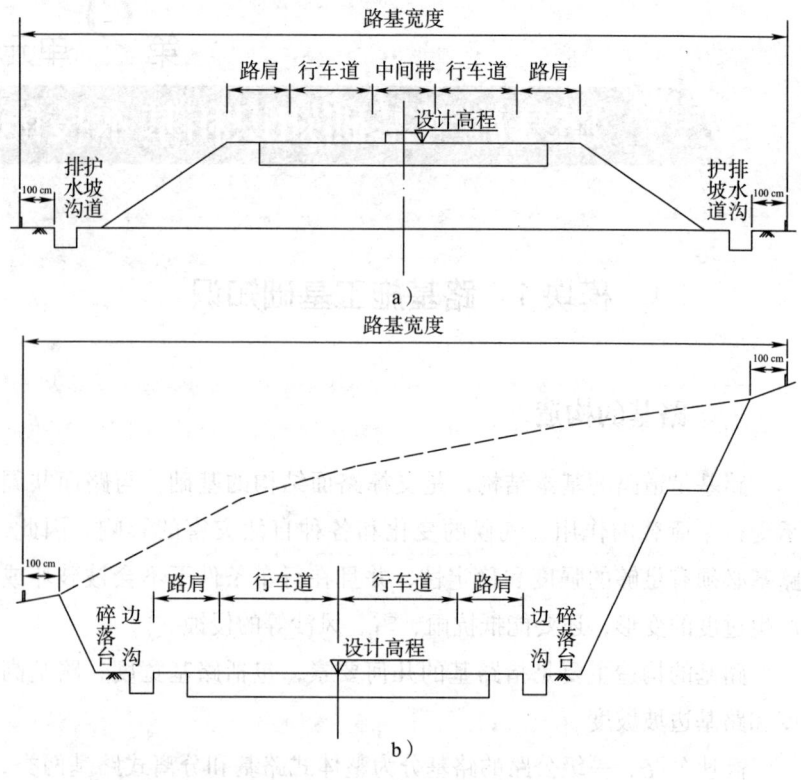

图 2-1 公路路基标准横断面示意图

a) 高速公路、一级公路(整体式路基) b) 二、三、四级公路路基

行车道、路肩、中间带等应符合以下相关规定。

(1) 行车道。行车道是公路上供各种车辆行驶部分的总称。车道数及车道宽度与车辆宽度、设计交通量、交通组成和汽车行驶速度等因素有关。

(2) 路肩。路肩是从行车道外边缘至路基外边缘、具有一定宽度的带状部分。二级及二级以上公路的路肩通常包括右侧路缘带、硬路肩和土路肩三部分。路肩可保护路面稳定,可供行人、非机动车通行,可作为养护操作的工作场地,用途广泛。

(3) 中间带。中间带是高速公路和一级公路用于分割对向车辆的路幅组成部分,通常设于车道中间。中间带宽度根据行车道以外的侧向余宽设置,中间带要能起到防止车辆驶入对向车道的作用。随公路等级、地形条件不同,中间带宽度在 2.5~4.5 m 之间,特殊情况下可减至 2 m。

(4) 变速车道。高速公路互通式立交、服务区、车站等处,应设置变速车道。变速车道是为车辆在进入干道前,能有合适的距离安全加速进而安全汇流而设置的。

(5) 爬坡车道。爬坡车道一般用于高速公路和一级公路,当纵坡坡度大于 4% 时,可沿上坡方向设爬坡车道。在连续陡坡路段,在原行车道外侧,为方便车辆维持正常车速行驶而增设(否则车速容易降低过多)。爬坡车道提高了道路交通安全系数和通行能力,其宽度一般为 3 m。

(6) 公路用地范围。公路用地范围为公路路堤两侧排水沟外边缘(无排水沟时为路堤或者护坡道坡角)以外,或路堑坡顶截水沟外边缘(无截水沟时为坡顶)以外,不小于 1 m 范围的土地。在有条件的地段,高速公路、一级公路的用地范围不小于 3 m,二级公路的用地范围不小于 2 m。

2. 路基高度

路基高度指路堤的填筑高度或路堑的开挖深度,是路基设计标高和地面标高之差。

地表水、地下水等都会对路基强度和稳定性造成影响,所以设计路基高度时应结合道路纵断面、排水设施及防护设施确定,路肩边缘应高于地面积水高度。沿河及受水浸淹路段的路基高度应在设计洪水位、壅水高度、波浪侵袭高度之和的基础上再加 0.5 m。当路基高度不符合规定时,可采取降低水位、设置毛细水隔断层等措施。

3. 路基边坡坡度

路基边坡坡度用边坡高度（H）与边坡宽度（B）之比表示（见图2-2）。路堤边坡坡度常用的表达形式为$1:m$，路堑边坡坡度常用的表达形式为$1:n$。

边坡坡度的大小，取决于边坡的土质、岩石的性质及水文地质条件等自然因素和边坡的高度。另外，边坡坡度的大小也直接影响着路基的整体稳定性和施工难易程度。

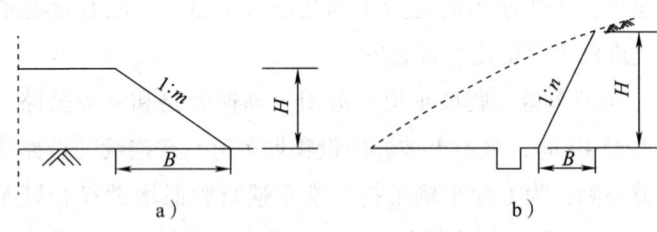

图2-2 路基边坡坡度示意图
a）路堤边坡 b）路堑边坡

二、路基的基本形式

按照路基填挖的情况，根据路基横断面的典型形式可将路基分为路堤、路堑、半填半挖路基和低填浅挖路基4类。

1. 路堤

路堤指高于原地面的填方路基。以路堤为路基的公路如图2-3所示。路堤横断面示意图如图2-4所示。路堤通常有一般路堤、浸水路堤、挖沟填筑路堤等基本形式。

图2-3 以路堤为路基的公路

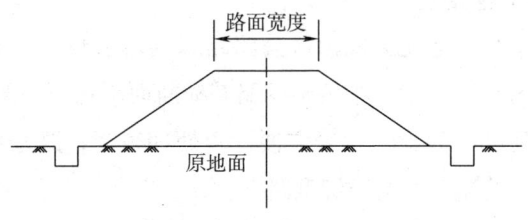

图 2-4　路堤横断面示意图

2. 路堑

路堑指低于原地面的挖方路基，全部在天然地面开挖而成。以路堑为路基的公路如图 2-5 所示。路堑横断面示意图如图 2-6 所示。路堑的基本形式有全挖路堑、台口式路堑和半山洞路堑。

图 2-5　以路堑为路基的公路

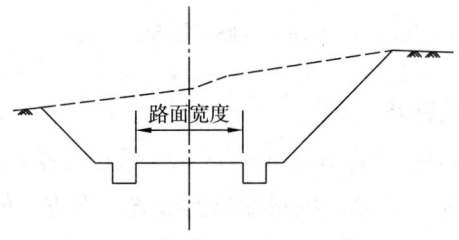

图 2-6　路堑横断面示意图

3. 半填半挖路基

半填半挖路基是丘陵或山区公路路基的主要形式。半填半挖路基型公路如图 2-7 所示。半填半挖路基横断面示意图如图 2-8 所示。半填半挖路基可以为施工带来方便，若处理得当，路基也是稳定可靠的。半填半挖路基属于经济型路基。

图 2-7　半填半挖路基型公路

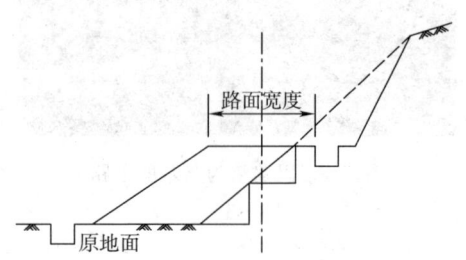

图 2-8　半填半挖路基横断面示意图

4. 低填浅挖路基

低填浅挖路基型公路如图 2-9 所示。低填浅挖路基横断面示意图如图 2-10 所示。低填浅挖路基虽然节省土石方，但不利于排水，且原土的密实程度往往不能满足要求，容易发生水淹、雪埋、沉陷等,所以其一般用于低等级道路中。

图 2-9　低填浅挖路基型公路

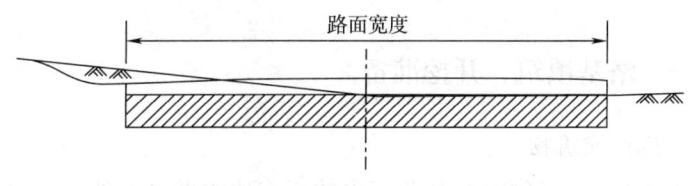

图 2-10　低填浅挖路基横断面示意图

三、路基的基本要求

由于路基对公路的重要性,路基必须达到以下要求。

1. 具有足够的整体稳定性

路基改变了原地面的自然状态,有可能失稳。为防止路基结构在行车荷载及自然因素作用下产生超过允许范围的变形,必须因地制宜采取措施以保证路基具有足够的稳定性。

2. 具有足够的强度

路基的强度是指在行车荷载作用下,路基抵抗变形的能力。在行车荷载及路基路面的自重作用下，路基会产生一定的变形，因此路基要有足够的强度，以降低路况恶化的速度。

3. 具有足够的水温稳定性

路基的水温稳定性是指路基在水和温度的作用下保持其承载力的能力。路基在地表水和地下水的作用下，其承载力会显著降低；在季节性冰冻地区，路基会发生周期性冻融，形成冻胀和翻浆，其承载力也会急剧下降。因此，路基应具有足够的水温稳定性，以保证其在最不利的水、温度状况下承载力也不会显著降低。

模块 2　路基填筑、开挖施工基本技能

一、路基填筑、开挖准备

1. 拆迁建筑物

路基施工前必须对路基范围内的所有地物做妥善处理，如有建筑物应拆除。因路基施工会影响施工路线附近建筑物的稳定性，所以应对这类建筑物做适当加固处理。路基施工前，还应做好调查，见表2-1。

表 2-1　　　　　　路基施工调查内容

序号	调查内容	序号	调查内容
1	施工现场的便道、供水、供电、通信及场地应满足"四通一平"	4	路基周边既有排水设施调查
2	既有管线、建筑物的调查	5	工区划分、队伍安排、驻地选择
3	取、弃土场地调查	6	当地民风、民情调查

2. 伐树、挖根及地表处理

在路基施工范围内，对妨碍施工、影响行车的植被，均应在施工前进行砍伐或移植。路基清表处理如图 2-11 所示。砍伐后的植被，应堆放在不妨碍施工和不影响农业生产的地方。二级及二级以上公路路堤和填方高度小于 1 m 的公路路堤，应将路基基底范围内的树根全部挖除，并将坑穴填平夯实；填方高度大于 1 m 的二级以下公路路堤，允许保留树根，但根部不能露出地面。采用机械施工的路堑及取土坑等，均应将树根全部挖除。如果基底的表土为腐殖土，则需清除换填，换填厚度视具体情况而定，一般不小于 30 cm，并予以分层压实，压实度应符合要求。

图 2-11　路基清表处理

3. 路堤基底处理方法

（1）在稳定的斜坡上，基底的处理应符合下列要求。

1）地面坡度小于 1∶5 时，清除地表的草皮、腐殖土后，可直接在天然地面上修筑路堤。

2）地面坡度在 1∶5~1∶2.5 之间时，清除草皮等杂物后，还应将原地面挖成台阶，台阶宽度不小于 2 m，高度小于 0.5 m，台阶顶面做成2%~4%的向内倾斜横坡。当原地面上的覆盖层较薄时，宜先清除覆盖层再挖台阶；当覆盖层较厚且稳定时，可予以保留。

3）地面坡度大于1∶2.5时，应修筑护墙、石砌护脚等进行处理，护墙、石砌护脚在提高道路稳定性的同时还起着减少填方数量和压缩路基占地宽度的作用。

（2）路堤基底为松土（如种植土）时，应清除松土，平整后按规定要求压实。在深耕地段，必要时应将种植土翻挖，将土块打碎，然后回填、平整、压实。

（3）原地面有坑、洞等，应在清除坑、洞中的沉积物后，用合格填料分层回填并分层压实。

（4）对于有泉眼或露头地下水的路段，首先应采取有效的倒排措施，然后才能填筑路堤。

（5）水稻田、湖塘地段，应视具体情况，采取排水、清淤、晾晒、换填、掺灰及其他加固措施进行处理。

（6）地下水位较高时，应按设计要求处理。

（7）陡坡地基、土石混填地基、高填方地基等都应按设计要求处理。

4. 路堤基底压实度

路堤基底压实度应符合下列规定。

（1）在一般土质地段，高速公路、一级公路、二级公路基底的压实度不应小于90%，三级公路、四级公路不应小于85%。

（2）路基填土高度小于路面和路床总厚度时，应对路基表土进行超挖，然后分层回填和压实，其处理深度应不小于重型汽车荷载作用下的路基工作区深度，基底的压实度不宜小于路床的压实度。

高速公路、一级公路、二级公路路堤与桥台、横向构筑物（涵洞、通道）连接处应设置过渡段。过渡段的路基压实度不应小于96%，过渡段长度宜按2~3倍的路基填土高度确定。

二、路堤土石方填筑施工

路堤填筑施工时必须考虑不同的填料,从原地面逐层填起,并分层压实,层厚随压实方法而定。

1. 路堤填料

路堤填料以土壤为主。土壤可分为有机土、无机土。有机土不能用作填料,无机土可以。无机土按粒径大小可分为巨粒土、粗粒土和细粒土。除土壤外,不易风化的岩石、碎石、卵石、粗砂等,以及矿渣都可以作为路堤填料使用。依据石料的岩性和强度,结合风化程度,石料可分为坚硬类石料、次坚硬类石料、软质岩类石料和极软类石料。

选择路堤填料时要注意以下几种情况。

(1) 含草皮、生活垃圾、树根、腐殖质的土严禁作为路堤填料。

(2) 泥炭、淤泥、冻土、强膨胀土、易溶盐超过允许含量的土等,不得直接用于填筑路基。确需使用时,必须采取技术措施进行处理,经检验满足设计要求后方可使用。

(3) 液限大于50%、塑性指数大于26、含水量过高或过低不适宜直接压实的细粒土,不得直接作为路堤填料。确需使用时,必须采取技术措施进行处理,经检验满足设计要求后方可使用。

(4) 粉质土不宜直接填筑于路床,不得直接填筑于冰冻地区的路床及浸水部分的路堤。

2. 路堤施工机械

在路堤施工时,施工机械的合理配置是工程按时完成及提高经济效益的保障。路堤施工机械可分为土石方机械和压实机械两大类。土石方机械担负着开挖、铲运、平整、压实、检验的任务,它的选用需根据填料性质、工程数量、工期和运距等因素来确定。压实机械主要包括静力碾压式、振动式、夯击式三类。路堤施工机械见表2-2。

表 2-2　　　　　　　　　　路堤施工机械

类型	图片	性能说明
挖掘机		主要用于挖掘基坑、沟槽，清理和平整场地，按行走方式分为履带式和轮胎式，按工作装置分为正铲、反铲、抓铲、拉铲挖掘机。常用的为正铲挖掘机，其特点是前进向上，强制切土，可正向挖土、侧向卸土，也可正向挖土、反向卸土
装载机		主要用来铲、装、卸、运土壤与砂石类散装物料，可对岩石、硬土进行轻度铲掘，更换工作装置后可进行推土、起重等作业，兼有推土机和挖掘机的功能
推土机		操纵灵活、运转方便、所需工作面积小、行驶速度快，能爬 30°左右的坡，适用于场地平整、挖掘深度 1.5 m 左右的基坑、移挖作填、填筑堤坝工作面、修路开道、牵引无动力施工机械等
平地机		平地机是利用刮刀平整地面的土石方机械。平地机的刮刀装在机械前后轮轴之间，能升降、倾斜、旋转和外伸，动作灵活准确，操纵方便，平整场地有较高的精度，用于公路、机场等大面积的地面平整作业
自卸车		自卸车又称翻斗车，由汽车底盘、液压举升机构、货箱和取力装置等组成，其车厢分后向倾翻和侧向倾翻两种，经常用来与挖掘机、装载机、带式输送机等联合作业
凿岩机		凿岩机是直接用来开采石料的工具，可在岩层上钻凿出炮眼，以便放入炸药去炸开岩石，从而完成石料开采或其他石方工程。此外，凿岩机也可改作破碎机，用来破碎混凝土之类的坚硬层

第2单元 路基施工基础知识和基本技能

续表

类型		图片	性能说明
强夯机			通过起吊设备将重锤提升至一定高度,依靠重锤的自重夯实地基,达到加固地基、提高地基承载力等目的。因强夯机作业时需将重物提升一定高度,所以利用之进行施工作业时,应对其进行全过程安全监控,以保证施工安全
静力碾压式机械	光轮压路机		光轮压路机主要依靠自重压实物料,压实深度不大,一般用于分层压实
	羊足碾压路机		在光轮压路机的表面安装了许多凸爪,由于这些凸爪的形状与羊足相似,所以此种压路机称为羊足碾压路机。它很适合用来压实含水量较大且新填的黏性土,但不能用来压实沙土和路基的表面层
	轮胎压路机		以多个耐油、耐热、弧形光面或细花纹的特制轮胎来压实铺层材料。一般前轮为转向轮,后轮为驱动轮,轮胎前、后错开排列,前、后轮胎的轮迹有交错部分,使铺层材料不致漏压
振动式机械	振动式压路机		振动式压路机依靠机械自重及其激振装置产生的激振力,克服被压材料颗粒间的内摩擦力,将颗粒搜紧,达到压实铺层材料的目的。振动式压路机具有静载和动载组合压实的特点,压实能力强,压实效果好,生产效率高
	冲击式压路机		冲击式压路机非圆滚轮以一定速度在滚动中冲击拍打地面,利用集中的冲击能量达到压实土石填料的目的。冲击式压路机属低频、大振幅冲击压实机械,具有效率高、影响深度大的特点

续表

类型		图片	性能说明
夯击式机械	蛙式夯		蛙式夯由偏心块、夯头、夯头架、传动系统等组成，利用旋转惯性力原理制成。蛙式夯的夯锤每冲击一次，机身即向前移动一步。蛙式夯不得用来打冻土、坚石、混有碎块的杂土
	冲击夯		冲击夯是指利用冲击振动作用分层夯实回填土的压实机械，分电动冲击夯、汽油冲击夯等，特别适用于狭窄场地施工，如桥头台背回填压实

3. 填筑方法

路堤填筑方法可分为同一种填料分层填筑和不同填料分层填筑两种。

（1）同一种填料分层填筑

1）水平分层填筑。水平分层填筑指在水平方向一层一层填筑，如图2-12所示。如原地面不平，应从最低处开始填筑，每填筑一层，压实并进行质量检查，合格后再填上一层，逐层填至设计高程。按此方法施工，操作方便、安全，压实质量容易保证，所以水平分层填筑是最常见的填筑方法。

2）纵向分层填筑。纵向分层填筑指填筑时依纵坡方向分层填筑，如图2-13所示。纵向分层填筑适用于推土机或铲运机从路堑取土填筑运距较短的路堤。原地面纵坡坡度大于12%的地段常采用此法施工。

图2-12　水平分层填筑示意图　　图2-13　纵向分层填筑示意图

3）竖向分层填筑。竖向分层填筑指从路基一端或两端按横断面高度逐步填筑，如图 2-14 所示。竖向分层填筑仅适用于无法自下而上分层填筑的陡坡、断岩、泥沼和施工机械无法进场的路段。由于采用此法时，填料不易压实，还容易发生不均匀沉降，因此需要采用高效能的压实机械，并采用砂性土等透水性好的填料。

4）混合填筑。混合填筑指施工时下层采用竖向分层填筑、上层采用水平分层填筑的方法，如图 2-15 所示。混合填筑与竖向填筑相比可使上部填土压实度较高，多用于深谷陡坡地段。

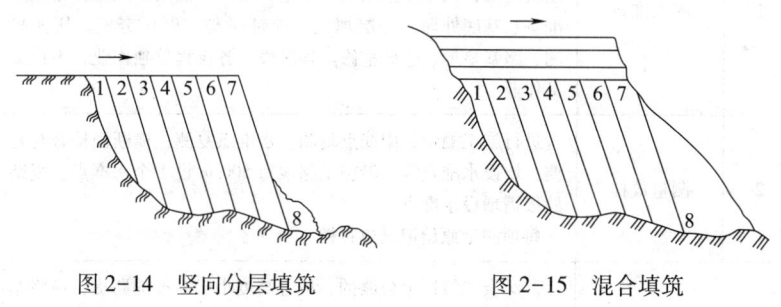

图 2-14　竖向分层填筑　　　　图 2-15　混合填筑

（2）不同填料分层填筑。采用不同填料进行混合填筑时，应根据填料的透水能力的大小，分层填筑压实，并采取有利于排水和路基稳定的措施。一般应遵循如下原则。

1）对不同性质的填料进行分层填筑，不得混填；同一水平层路基的全宽应采用同一种填料，不得混填。每种填料的填筑层压实后的连续厚度不宜小于 500 mm；填筑路床的最后一层（顶层）时，压实后的厚度应不小于 100 mm。

2）路堤上部受车辆荷载的影响较大，一般填筑水稳性能好的填料。

3）透水性大的填料填在透水性小的填料之下时，如果两者粒径悬殊，应在层间加铺过渡层；如果透水性小的填料填在透水性大的填料之下时,顶面应做成2%~4%的双向向外横坡,以免积水。

4. 填筑施工工序及工艺要求

下面以土质填方路基为例来说明填筑施工工序及工艺要求,见表2-3。

表2-3　　土质填方路基施工工序及工艺要求

序号	施工工序	工艺要求
1	施工准备	准备好填料与施工机械,编制施工方案,进行技术交底 路基填筑采用机械化组合作业方式,按"四区段、八流程"填筑施工,四区段指填土、平整、碾压、检测,八流程指施工准备、基底处理、分层填筑、摊铺平整、碾压夯实、压实检测、路基整形、边坡整修。各区段、各流程单独作业,不许交叉作业
2	测量放样	进行施工测量,中线点复测、水准点复测、横断面检查与补测,增设水准点等。沿施工路线每500 m设1个水准点,复杂路段需增设水准点 每项测量原始记录应存档
3	清理场地	二级及二级以上公路的、填方高度小于1 m的路堤,应将基底范围内的树根全部挖除并将坑穴填平夯实,取土坑范围内的树根也应全部挖除 应对路幅范围内、取土坑的原地面表层腐殖土、草皮等进行清理,清表厚度一般不超过30 cm,清出的表层土宜充分利用。清理后,进行平整和压实
4	临时排水	为保证路基施工过程中能顺利排出地表水,必须在施工前修建临时性排水设施
5	基底处理	特殊地质路段,须按设计要求进行基底处理 原地面有坑、洞、穴等,应先平整、压实 地基为耕地、水稻田、池塘等时,局部软、弹的部分应采取有效的处理措施
6	填前夯实	二级及二级以上公路路堤基底的压实度应不小于90%,三级、四级公路应不小于85% 路基填土高度小于路面和路床总厚度时,基底应按设计要求处理

续表

序号	施工工序	工艺要求
7	压实检测	用灌砂法、灌水法检测压实度时,取土样的位置为每一压实层底部;用环刀法检测时,环刀中部应处于压实层的中间;用核子仪检测时,应根据路基结构类型,按说明书要求处理 施工过程中,对每一压实层均应检测压实度。面积大于 1 000 m² 时,每 1 000 m² 至少检测 2 点;不足 1 000 m² 时,检测 2 点即可。必要时可根据需要增加检测点
8	填筑	路基填筑通常采用横断面全宽、水平分层填筑的方法,当原地面高低不平时应从最低处分层填筑,且由两边向中心填筑 施工始终坚持"三线四度":"三线"即中线和两侧边线,施工时用石灰明确中线和边线;"四度"即厚度、密实度、拱度、平整度 路基填筑程序:打网格→路堤上料。用不同填料填筑路堤时,各种填料不得混合填筑。按照自卸车每车的装载方量,计算方格网大小,然后用石灰画线。填土宽度应宽于设计宽度,一般每侧多出 50 cm
9	摊铺平整	分层厚度一般不应超过 30 cm,最大松铺厚度不宜超过 50 cm 填筑区段完成一层卸土后,先用推土机进行初平,再用平地机进行终平,做到填铺面在纵向和横向平顺、均匀,不能有显著的凹凸 摊铺时层面根据土质情况做成坡度 2%~4%的、向两侧倾斜的横向排水坡,以利于排水
10	洒水或晾晒	碾压填料前,要控制其含水量在"最佳"范围内。当填料较干燥时,及时洒水,提高含水量;当含水量过大时,采用松土晾晒的方法,降低含水量
11	碾压夯实	当路基填料含水量在"最佳"范围内,进行碾压夯实。碾压前,应向有关人员进行技术交底,内容包括碾压范围、碾压遍数、碾压速度等 压实采用自重不小于 18 t 的重型振动式压路机。操作时宜"先轻后重、先慢后快、先静后振、轮迹重叠、路线合理、均匀压实",前后两次的轮迹应重合1/3,均匀压实,不漏压;对于压不到的边角,应辅以小型机具夯实。压实度要符合相关要求

续表

序号	施工工序	工艺要求
12	压实检测	碾压区压实到位后,要进行路基现场质量检测。路基填土的质量检测应遵循"分层填筑、分层碾压、分层检测"的原则 压实度、填筑厚度、平整度、宽度、横坡坡度等要达到设计及规范要求。一层压实完成,检测结果经监理工程师检验签字后,方可进行下一层填筑施工 施工过程中,对每一压实层均应检测压实度。检测点数目设置,参考工序7——压实检测
13	路基整修	路基整修应严格按照设计结构尺寸进行,且必须符合《公路工程质量检验评定标准 第一册 土建工程》(JTG F80/1—2017)的要求

5. **路堤施工安全**

(1) 路堤施工主要危险因素

1) 复杂环境下的软弱路堤、陡坡路堤填筑。

2) 施工影响范围内的既有建(构)筑物、管线等。

3) 影响施工的水。

4) 深取土场(坑)。

5) 人机混合作业。

(2) 路堤施工安全措施

1) 路堤施工前应做好临时防、排水系统,基底、坡脚及其他影响路基稳定的范围不得被积水浸泡。傍山修筑路堤时,应防止地表、地下水渗入路堤结构各部位。

2) 填筑地面横坡(坡度大于1:2.5)和池塘、软土等复杂路堤,必须进行沉降位移观测,控制填筑速度,发现异常,应立即停工。

3) 在不稳定的地面斜坡(如易于倾塌滑动的斜坡)上施工时,人行道距离填方坡脚线不得小于5 m,并设警示标志。

4) 机械设备的管理与防护应符合相关规定。多机在同一作业面作业时,应设专人指挥,明确指挥信号,相互间保持安全距离。

5）配合机械作业的清底、摊铺、平整、修坡等人员，应在机械回转半径以外工作。

6）地基处理应"因地制宜"，制定合适的对策和安全措施。

三、路堑土石方开挖施工

1. 路堑开挖施工类别

路堑开挖施工包括土方开挖和石方开挖两种类型，土方开挖是对土质路堑的开挖，石方开挖是对石质路堑的开挖。

2. 路堑开挖施工准备

路堑开挖施工前应按施工设计做好相关准备工作，包括施工测量放线、查核路中线、边线桩及必要机械工具的配备等；路堑施工前应修建截水沟，并视土质情况做好防渗工作。如果是土方开挖施工，施工期间应修建临时排水设施，土方开挖不论开挖工程量和开挖深度大小，均应自上而下进行，不得乱挖、超挖、掏挖。

3. 路堑土方开挖方法

开挖方法与路堑土质、深度、纵向长度等因素有关。路堑土方开挖方法有横向挖掘法、纵向挖掘法及混合式挖掘法三种。

（1）横向挖掘法。横向挖掘法是从路堑的一端或两端按断面全宽开挖到设计标高、逐渐向纵深挖掘的施工方法。对挖方深度不大于 6 m 的路段，采用单层横向全宽挖掘法开挖，即从两侧沿路线向前开挖，单层掘进深度等于路堑设计深度，逐段成型向前推进；对挖方深度超过 6 m 路段，采用多层横向全宽挖掘法分层分段开挖。横向全宽挖掘法如图 2-16 所示。地面横坡较陡的挖方路段，应由路基边坡高的一侧开始。用人力或机械按横向挖掘法挖路堑时，可在不同高度分几个台阶开挖，开挖深度视工作与安全而定，一般人力开挖深度宜为 1.5~2.0 m，机械开挖深度宜为 3~4 m。边坡应用平地机、推土机修刮平整，也可用人工分层修刮。

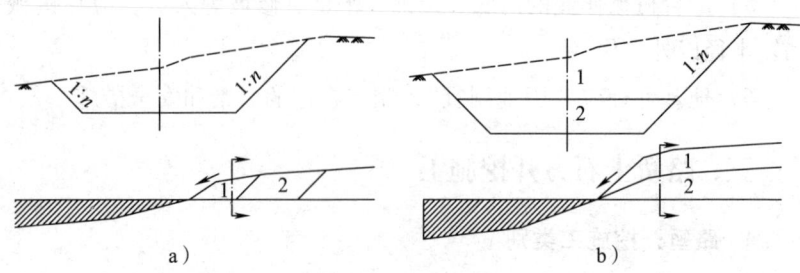

图 2-16 横向全宽挖掘法示意图
a) 单层横向全宽挖掘法　b) 多层横向全宽挖掘法

(2) 纵向挖掘法。纵向挖掘法是先沿路堑的纵向挖出通道，然后将通道向两侧拓宽，并利用通道作为运土路线和排水路线。将上层通道拓宽至路堑边坡后，再开挖下层通道，直至纵深开挖到路基设计标高。纵向挖掘法示意图如图 2-17 所示。

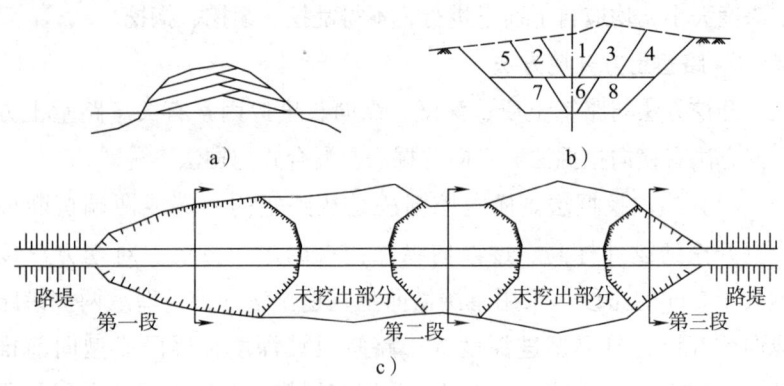

图 2-17 纵向挖掘法示意图
a) 分层纵挖法　b) 通道纵挖法　c) 分段纵挖法

当采用纵向挖掘法挖掘的路堑较短（不超过 100 m）、开挖深度不大于 3 m、地面坡度较大时，宜采用推土机作业；当路堑较长（超过 100 m）时，宜采用铲运机作业，有条件时可再配备一台推土机。

(3) 混合式挖掘法。混合式挖掘法是横向挖掘法与纵向挖掘法的混合运用，先顺路堑方向开挖通道，然后沿横向坡面挖掘，以增大开挖坡面，每个开挖坡面应能容纳一个施工组或一台开挖机械作业。混合式挖掘法如图2-18所示，图中①~⑦表示开挖顺序。在较大的挖方地段，还可沿横向再挖沟，并配以传动设备或运土车辆。每个坡面应设一个施工小组或一台开挖机械作业。

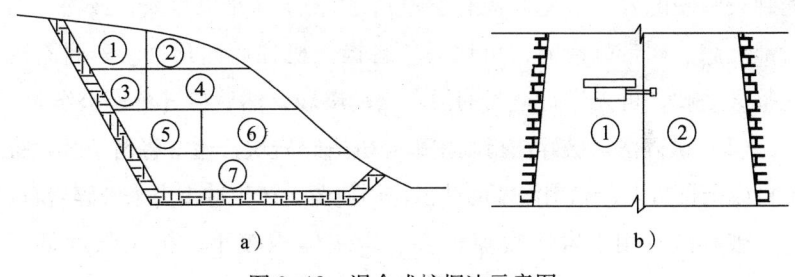

图 2-18　混合式挖掘法示意图
a) 断面图　b) 平面图

4. 路堑石方开挖方法

采用何种开挖方法以加快工程进度，是石质路堑开挖的重要问题，通常应根据岩石的类别、风化程度、岩层产状、岩体断裂构造、施工环境等因素选择爆破法、松土法或破碎法。

(1) 爆破法。爆破法是石质路基施工中最有效的施工方法，山区公路路基石方工程量大，而且较为集中，采用爆破法施工，不但能大大地提高工效、缩短工期、节约劳动力，而且可以有效地改善公路线形，提高公路的使用质量。

路基常用的爆破方法分为中小型爆破与大爆破。中小型爆破包括裸露药包法、炮孔法、药壶法、猫洞法、微差爆破、光面爆破、预裂爆破等。大爆破为洞室爆破，炸药用量在1 000 kg以上。

(2) 松土法。松土法指充分利用岩体自身存在的各种裂隙和结构面,用推土机牵引的松土器将岩体翻碎,再用推土机或装载机与自卸式汽车配合,将翻松的岩块搬运出去。与爆破法相比,松土法增加了施工的安全性,且有利于挖方边坡的稳定和附近建筑的安全,所以凡是能用松土法开挖的石方路堑应尽量不采用爆破法施工。随着大功率施工机械的使用,松土法越来越多地用于石方路堑的开挖。

施工时应注意,松土作业方向应尽可能顺着岩层的下坡方向,遇到较坚硬的岩石(坚硬但有裂隙),当松土器难以贯入,或松土器后部上翘、履带打滑时,可用另一台推土机在后面顶推。若岩石既完整又坚硬,可先进行适当的浅孔松动爆破,然后再进行松土作业。

(3)破碎法。破碎法指利用破碎机凿碎岩块,通常将凿子装在推土机或挖掘机上,利用活塞的冲击作用使凿子产生冲击力来破碎岩石。

破碎法宜用于岩体裂隙较多、岩块体积较小、抗压强度低于100 MPa 的岩石,由于作业效率低,只能用于爆破法、松土法不能使用的局部场合,作为爆破法、松土法的辅助方法。

5. 路堑施工工艺

下面以土质路堑为例说明开挖施工工序及工艺要求(见表2-4)。

表 2-4　　　　　　土质路堑开挖施工工序及工艺要求

序号	施工工序	工艺要求
1	施工准备	编制施工方案,确定最佳开挖及防护方案,确保工期短、边坡稳定、施工安全 准备施工机械,如推土机、铲运机、挖掘机、装载机、平地机、压路机、自卸汽车等 进行技术交底
2	施工放样	进行施工测量,恢复路线中桩,测设路堑边桩、水准点,避免欠挖、超挖 须进行路堑截水沟的放样与开挖 采用机械开挖时,应在坡顶标明挖深,并楔上控制高程的控制桩,随时进行施工控制,间距不宜大于 50 m 须对每项测量成果进行复测,如与设计不符,需要进行相关变更,原始记录应存档

续表

序号	施工工序	工艺要求
3	临时排水	修建边沟、截水沟等临时排水措施 在地下水位较高路段，必须降低地下水位至开挖面以下50 cm 所有排水沟应从下游出口向上游开挖 截水沟通过地面凹处时，应将凹处填平夯实 开挖边沟及截水沟后，应及时进行防渗处理，避免发生渗漏、积水和边坡冲刷
4	边坡分层开挖	根据开挖深度和纵向长度，可采用横向挖掘法、纵向挖掘法或混合式挖掘法 土方开挖应自上而下，不得乱挖、超挖、掏挖 在开挖过程中，应保证边坡稳定。开挖至边坡线前，应预留一定宽度，保证边坡土层不受扰动 开挖过程中发现地质与设计不符时，须停止开挖，及时上报监理工程师
5	土方运输	将开挖土进行分类运输与堆放 不适合作为填料的土方（如混有垃圾），应堆放在规定的弃土场
6	分层边坡整形与防护	开挖土质路堑时，两边边坡应预留一定宽度，底部至少预留30 cm。开挖至预留层时，应停止机械开挖，待进行路基路床施工时，再集中力量用人工突击开挖 开挖过程中，应经常检查边坡位置，防止超挖或欠挖。一旦出现超挖，应对坑洞及时做填补处理 当边坡开挖至设计标高，应进行修坡处理。刷坡修整时及时检查坡度，避免二次刷坡 开挖边坡不能长时间暴露，须及时进行防护
7	路槽回填、压实、检验	路床压实度不能满足要求时，须挖除并换填级配碎石等强度较高的填料 开挖完成后应将路基最底层的原地面碾压密实。压实度应满足规范要求，如土质不能满足碾压要求，应通知监理工程师、设计师、业主到现场确定相应的措施 按设计要求恢复各项标桩，检查路堑的中线、宽度、坡度及标高等 整修后的路堑要求平整、密度大、曲线圆滑、边线顺直、边坡坡面平顺稳定，边沟整齐，沟底无积水现象

6. 路堑施工安全

（1）路堑开挖应自上而下进行，严禁掏底开挖。

（2）分层开挖时，作业层应相互错开，严禁重叠作业。

（3）严禁在松动危石的下方作业、休息和存放机具。

（4）开挖过程中应定期对坡面、坡顶的稳定情况进行检查，发现异常现象应立即处理。

（5）路堑开挖危及运输道路及建（构）筑物时，应采取安全防护措施。

（6）高处作业应符合企业"安全技术交底书"的相关规定。

（7）清方过程中，发现有哑炮、残药、雷管时，必须及时报告，交给爆破人员处理。

（8）弃土时不应影响路堑边坡和弃土堆的稳定，严禁在泥石流沟堆弃土石。

（9）实施爆破作业前，须按现行《爆破安全规程》（GB 6722—2014）编制爆破设计方案，并制定相应的技术措施。

（10）爆破作业应根据地形、地质和施工环境的具体情况，采取相应的防护措施。

（11）不应在大雾天、黄昏和夜间进行爆破。确需在夜间爆破时，应采取有效的安全措施。遇雷雨时应停止爆破作业，并迅速撤离危险区。

（12）爆破器材应由装药负责人按一次需用量提取，随用随取。爆破后的剩余器材，应经专人检查核对后及时交还仓库。

（13）装药规定

1）装药前，非装药人员应撤离装药地点；装药完毕，应检查并记录装药个数、地点。

2）装药区内禁止烟火。

3）不得使用金属器皿装药。

4）起爆药包应在现场装药时制作。

（14）起爆前防护工作

1）起爆应由值班人员监督和统一指挥。

2）警戒区周围必须设警戒人员，警戒区内的人、畜应撤离，小药量爆破时，应撤到放炮地点 200 m 以外。施工机具不能撤离的应有可靠的防护。

3）在可能有车、船通过的施工地段，须与有关运输部门取得联系，确定爆破时间。

（15）起爆规定

1）当近处有闪电和雷声，或天空乌云密布可能突然发生雷电时，严禁使用电雷管起爆。

2）同一施工地段有若干工点同时爆破时，必须统一指挥，在全部警戒和防护工作完成之前，严禁任何一处起爆。

3）起爆器应始终由爆破组长一人保管。

模块 3　排水工程施工基本技能

路基排水的目的是确保路基始终处于干燥、坚实和稳定的状态。排水处理对路基的整体稳定和路床质量影响甚大。危害路基的水可分为地表水和地下水两大类。

一、地表排水设施简介

修建路基地表排水设施是为了保证路基不被水浸泡和冲刷，防止路基松软、下沉。常用地表排水设施有边沟、截水沟、排水沟、跌水、急流槽等。不同的排水设施设置在路基的不同部位，在主要功能、设置要求、构造形式方面均有所差异，见表 2-5。

排水设施应与路基同步施工。路基施工过程中应随时设置排水横坡或纵向排水通道，施工作业面不得有积水，按照"截、排、疏"的原则，防止水流冲刷边坡。

地表排水设施宜选用水泥混凝土预制或现浇，也可用浆砌片（块）石或干砌片（块）石等砌筑。

表 2-5　　　　　　　　　常用地表排水设施

名称		图片	工艺要求
边沟	矩形盖板边沟		边沟在挖方路基的路肩外侧或低路堤坡脚外侧，走向与路中线平行，用以汇集、排除路基范围内和流向路基的少量地表水 边沟的横断面形式，主要有梯形、矩形、三角形、蝶形等 边沟的纵坡坡度一般应与路基的纵坡坡度一致，并不应小于 0.5%，以防淤积，在特殊情况下容许减至 0.3%。当边沟纵坡坡度过大，且有冲刷可能时，应采取加固、设置跌水或急流槽等措施
	蝶形边沟		
截水沟			截水沟又称天沟，一般设置在挖方路基边坡坡顶以外，或山坡路堤上方的适当地点，用以拦截并排除路基上方流向路基的地面径流，减轻边沟的水流负担，保证挖方边坡和填方坡脚不受水流冲刷 左图为带踏步的截水沟
排水沟			排水沟主要用于把来自边沟、截水沟或其他水源的水流引至桥涵或路基范围以外的指定地点 排水沟一般为梯形、矩形断面，根据汇布水面积不同，沟的尺寸有所不同。底宽和深度均不宜小于 0.5 m
跌水			跌水指在陡坡或深沟地段设置的沟槽，沟底呈阶梯状，水流呈瀑布跌落式通过，其作用是在较短的距离内，降低水流流速，消减水流能量

续表

名称	图片	工艺要求
急流槽		在陡坡或深沟地段设置的、坡度较大、水流不离开槽底的沟槽称为急流槽,其作用是将上下游水位差较大的水流引至桥涵或路基下方

二、地表排水设施施工工序

1. 施工放样

根据图样设计尺寸,用全站仪(现在通常使用的)定出排水沟的中心控制线。在直线段每 50 m 设置一个中心桩,在曲线段每 20 m 设置一个中心桩,误差不能超过 50 mm。按四等水准测量要求控制高程,误差要控制在 20 mm 以内。每 200 m 设置一个临时高程控制点。根据中心控制线和高程控制点,放样出排水沟底脚线和沟口线。放样时,应根据地面线检查排水沟设计位置、纵坡是否合理,如果存在不合理的地方需及时向监理单位汇报,后进行改善。

2. 沟槽开挖

沟槽开挖前应把原地表平整、压实,表层 30 cm 的压实度不能小于 90%。一般用人工配合空压机开挖,先用风镐将石头破碎,然后用人工将破碎的石头挖出。在纵向上,应从下游向上游开挖。施工时一般采用分段开挖的方法,每一段可以分层开挖,从上至下,逐渐成型。排水沟开挖时应边开挖边夯拍,以免土中水分消失,不易夯拍坚实。施工过程中发现坑洞应用原土补填夯实。雨季施工时必须采取措施防止沟外的雨水流入沟槽,另外沟内的雨水应及时排出。开挖时尽量不扰动原土,沟底与沟壁均可少挖 5 cm,后期排水沟施工时再用人工夯实或凿除。修正时应按照设计尺寸拉线定标,逐段检查，反复修正。开挖并清理完毕后，应请监理工程师检验。

3. 沟槽砌筑

（1）根据排水沟形状加工一个坡架，然后在砌筑表面拉线，确认拉线正确无误后报验，经测量专业监理工程师现场检验合格后方可进行排水沟砌筑。

（2）砌筑排水沟基础时，先铺一层砂浆，再选用无风化、表面干净的片石直接坐浆砌筑，每层砌筑高度为 10~15 cm，层与层间的砌缝应相互错开，不得贯通。待砌平排水沟底部后再砌排水沟两边，砌筑底部时注意留一些片石伸到排水沟两边作为拉结石，保证整个排水沟形成一个整体。

（3）分层砌筑时，应遵循一定的流程：铺一层砂浆→将石块安放在砂浆上→用手推紧→在空隙处填满砂浆→用灰刀或捣棒插实→用小石块填塞紧密→再铺一层砂浆→以相同方法继续砌筑。砌筑时，石块应长短相间、交错放置、坐实挤紧，尖锐凸出部分应清理敲除。

（4）片石砌筑时，应均匀设置拉结石，一般至少每 0.7 m^2 设置一块。

（5）在砂浆凝固前，应将外露缝勾好。

（6）注意在整个砌筑过程中，刚砌的砂浆不能被水浸泡，所以要保证在基坑内实施无水作业。

三、地下排水设施简介

地下排水设施是拦截、汇集、排除地下水，或降低地下水位，使路基免遭破坏的结构物，常见的有暗沟、渗沟、渗井等。

1. 暗沟

暗沟又称盲沟，是设在地面以下引导水流的沟渠，利用材料的透水性将路基范围内的泉水或渗沟汇集的水流引流至沟渠内，并沿沟渠排至指定地点，截断并排出来自山坡路基的地下水，加强路基稳定性。暗沟本身不起渗水和汇水作用。

2. 渗沟

渗沟是在地面以下的疏干表层土体、增加边坡稳定、截断及引出地下水、降低地下水位的结构物。渗沟可用于吸收、汇集和排除地下水，亦可用于拦截流向路基的地下水，采用渗透方式将地下水汇集于沟内，并通过沟底通道将水排至指定地点。它的作用是降低地下水位或拦截地下水，其水力特性是紊流，但构造与暗沟有所不同。

3. 渗井

渗井是通过集水井、雨水管等将雨水蓄积起来排出路基的结构物。当地下存在多个含水层，其中影响路基的上部含水层较薄、排水量不大、平式渗沟难以布置，应考虑立式（竖向）排水，设置渗井，穿过不透水层，将路基范围内的上层地下水，引入更深的含水层去，以降低上层的地下水位或将上层的地下水全部予以排除。

四、地下排水设施施工方法

根据地下排水设施设置位置的不同，施工方法差别很大。

1. 暗沟施工

暗沟横截面通常为矩形或梯形，在暗沟的底部和中部用较大碎石或卵石填筑，碎石或卵石之上是用土工合成材料包裹的有孔的硬塑管，硬塑管四周填以大于管壁孔径的等粒径碎石、砾石。在暗沟顶部做封闭层，铺双层反铺草皮或其他材料（如土工合成材料），并在其上夯填厚度不小于 0.5 m 的黏土防水层。暗沟施工如图 2-19 所示。

暗沟宜用于渗流不长的地段，且纵坡坡度不应小于 1%，出水口底面标高应高出沟外最高水位 0.2 m。

图 2-19　暗沟施工

2. 渗沟施工

渗沟有填石渗沟、管式渗沟和洞式渗沟三种形式，三种渗沟均应设置排水层（或管、洞）、反滤层和封闭层。

（1）渗沟施工要求

1）填石渗沟施工要求。填石渗沟的横截面通常为矩形或梯形，在渗沟的底部和中间用较大碎石或卵石填筑，在渗沟的两侧和上部将中砂、粗砂、砾石等颗粒较细的粒料按一定比例分层（层厚约 15 cm，作为反滤层）。设计填石渗沟的埋置深度时，应注意渗水材料的顶部（封闭层以下）不得低于原地下水位。排除层间水时，渗沟底部应埋于最下面的不透水层上。在冰冻地区，渗沟埋置深度不得小于当地最小冻结深度。

2）管式渗沟施工要求。管式渗沟适用于地下水引水距离较长、流量较大的地段，当管式渗沟长度为 100～300 m 时，其末端宜设横向泄水管分段排除地下水。管式渗沟的泄水管可用陶瓷、混凝土、石棉、水泥、塑料等材料制成，泄水管管壁应设泄水孔，交错布置，间距不宜大于 20 cm。设计管式渗沟的埋置深度时，应注意使填料的顶面高于原地下水位。沟底垫层材料一般采用干砌片石，不过当沟底深入不透水层时宜采用浆砌片石、混凝土或土工合成材料（防水）。

3）洞式渗沟施工要求。洞式渗沟适用于地下水流量较大的地段，洞壁宜采用浆砌片石砌筑，洞顶用盖板覆盖，盖板之间应留有空隙，便于地下水流入洞内，洞式渗沟的高度要求同管式渗沟。

(2) 渗沟施工注意事项

1）渗沟的布置应尽可能与地下水径流方向互相垂直。

2）渗沟的横宽一般视埋置深度、排水要求、施工和维修便利而定。

3）汇集水流时，为防止含水层中沙土挤入渗沟，应设反滤层。

4）渗沟宜由下游向上游施工。

5）为了核查维修方便，宜设置检查井。

3. 渗井施工

渗井直径一般为 0.5~0.6 m，井深应保证能将地表水或浅层地下水引入透水层。井内填充砂石料，按粒径分层填筑，同层粒径应相同。下层（透水层）填碎石或卵石，上层（不透水层）填砂或砾石。渗井顶部四周用黏土填筑围护，加盖封闭。渗井开挖应边挖边支撑，及时回填，确保施工安全顺利。

模块 4　路基边坡防护施工基本技能

路基边坡（包括挖方边坡、填方边坡）在自然因素与行车荷载的长期作用下，会出现轮廓变化，强度及稳定性也会受到影响，因此需要采取适当的边坡防护措施。

路基边坡防护按作用不同，分为坡面防护、支挡防护、沿河冲刷防护等。

一、坡面防护

常用的坡面防护方式包括植物防护、工程防护。在满足边坡稳定、防冲刷要求的基础上，尽量选择可绿化、自然和谐的防护形式。

1. 植物防护

植物防护是根据边坡地形、土质和区域气候的特点，在边坡表面覆盖一层土工合成材料，并按一定的组合与间距种植多种植物。植物防护主要是依靠植物的发达根系使土层固结，防止水土流失，可美化环境、稳定边坡。

（1）植物防护类型

1）种草防护。选用草种应根据防护目的、气候、土质、施工季节等，采用易成活、生长快、根系发达、叶茎矮或有匍匐茎的多年生植物的草种。种子的组合、播种量等的设计应根据选用植物的生长特点、防护地点及施工方法确定。

2）铺草皮防护。铺草皮防护适用于需要快速绿化的边坡，且应是坡度大于1∶1的土质边坡或严重风化的软质岩石边坡。草皮应选择根系发达、茎矮叶茂、耐旱植物，不宜选择喜水植物，严禁选用原生长在泥沼的草皮。

3）植树防护。植树防护适用于坡度小于1∶1.5的边坡。树种应选用能迅速生长且根深枝密的低矮灌木类。公路弯道内侧边坡严禁植高大树木。

4）三维植物网防护。三维植物网防护是指用活性植被结合工程材料在坡面构建一个具有自身生长能力的防护系统，通过植物的生长对边坡进行加固，适用于坡度小于1∶0.75的边坡（边坡组成为砂性土、土夹石及风化岩石等）。

5）骨架植物防护。骨架植物防护是指路基边坡使用水泥混凝土或浆砌片石形成框架式构筑物，框架中间植草（种草、铺草皮等），以防路基边坡坍塌。

①骨架植草防护。骨架植草防护（见图2-20）适用于坡度小于1∶0.75的土质边坡和全风化的岩石边坡。当坡面受雨水冲刷严重或潮湿时，坡度应小于1∶1.5。

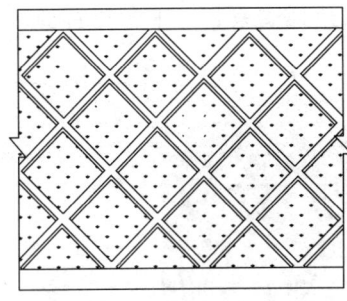 

图2-20　骨架植草防护

②多边形水泥混凝土空心块植物防护。多边形水泥混凝土空心块植物防护适用于坡度缓于1∶0.75的土质边坡和全风化、强风化的岩石路堑边坡。应视需要设置浆砌片石或混凝土骨架。

多边形空心预制块的混凝土强度不应低于20 MPa，厚度不应小于150 mm。空心预制块内应填充种植土，喷播植草。

（2）植物防护施工工艺。植物防护一般有湿法喷播施工和客土喷播施工两种施工工艺。

1）湿法喷播施工。喷播后应及时养护。

2）客土喷播施工。喷播植草混合料（由植生土、土壤稳定剂、水泥、肥料、混合草籽、水等组成）的配合比应根据边坡坡度、地质情况和当地气候条件确定，混合草籽用量为每1 000 m² 不宜少于25 kg。气温低于12 ℃时不宜进行喷播作业。

2. 工程防护

（1）工程防护结构类型

1）干砌片石护坡。干砌片石护坡是选用坚实的石材，一层一层交错铺砌而成的结构,适用于高度小于 2 m 的稳定边坡。边坡成分为粉质土、松散的砂或粉砂土等易被冲刷的土时,垫层厚度不宜小于 100 mm。基础应选用较大石块砌筑,如基础与排水沟相连,则应设在沟底以下,并按设计要求砌筑浆砌片石。砌筑时应砌紧,接缝要错开,大石块之间的缝隙间用小石块填满塞紧。干砌片石护坡如图 2-21 所示。

图 2-21　干砌片石护坡

2) 浆砌片石护坡。浆砌片石护坡是采用砂浆与毛石料砌筑的砌体结构。砂浆初凝后,立即进行养护;砂浆终凝前,砌体应覆盖。边坡采用浆砌片石护坡,宜在路堤沉降稳定后施工。在冻胀会造成严重影响的土质边坡上,护坡底面应铺设 100~150 mm 厚的碎石垫层。浆砌片石护坡每 10~15 m 应留 1 个伸缩缝,缝宽 20~30 mm。在护坡基底地质有变化处,应设沉降缝,可将伸缩缝与沉降缝合并设置。

3) 水泥混凝土空心块护坡。水泥混凝土空心块护坡是以水泥、砂等材料制成的预制块铺砌的结构。在路堤沉降稳定后方可施工。预制块经验收合格后方可使用。铺砌预制块前应平整坡面。预制块应紧贴坡面,不得有空隙,并与相邻坡面顺接。

4）喷浆护坡。喷浆护坡是用水泥砂浆制成的、可防止坡面风化的防护结构。喷浆前应采取措施对泉水、渗水进行处理，并按设计要求设置泄水孔，排、防积水。喷浆应自下而上进行。砂浆初凝后，应立即开始养护，养护期一般为 5~7 d，还应及时对喷浆层顶部进行封闭处理。

（2）工程防护施工工艺

1）施工准备。边坡砌筑应在坡面密实、平整、稳定后开始。石料等级应符合设计要求。砌筑前，应将石料表面泥土、水锈清洗干净。使用的砂浆或混凝土必须按照一定的配合比配制，并经过强度试验。石料尺寸、强度等应符合设计要求。使用的砂浆、混凝土应用机械拌和，计量要准确，边拌边用，不应直接在砌体上或路面上用人工拌和。

2）基坑开挖。护坡施工采用人工挖基、人工刷坡的方式。砌筑前，应将坡面基底平整夯实，经监理工程师检查合格后方可进行砌筑。

3）片石砌筑。砌体宜用 15 cm 以上的块（片）石。采用挤浆法施工时，砌体应分层、分段砌筑，铺砌时自下而上进行，块（片）石不得大面积平铺，不得松动，应彼此交错搭接。砂浆在砌体内必须填充密实。干砌时边坡表面应平整，如遇坚石可挖成台阶。砌体坡面分段施工时，每隔 10~15 m 宜设一道伸缩缝，并设置好沉降缝、泄水孔，泄水孔后面应设置反滤层。

4）勾缝养护。勾缝前，应先将松动和变形处修整完好，干砌坡面勾缝应在路堤沉降稳定后再进行。浆砌时，应对片石进行洒水养护。砂浆凝固后，要把墙面全部刷干净，以使墙面整洁美观。

二、支挡防护

1. 支挡防护结构类型

支挡防护结构是指各种为使路基本体稳定，或者使与路基本体性状有关的周围土体稳定而修建的构筑物。在路基工程中，它常用于高路堤或深路堑的边坡。当路基修筑在容易发生滑坡、崩塌的地区时，也可以设抗滑桩和拦挡等支撑构筑物。在隧道的洞口、桥梁与路堤连接的桥台处、沿河路堤，一般都设有支挡构筑物。在路基工程中，支挡构筑物常和其他功能的构筑物结合使用，如支撑渗沟等。公路支挡防护结构中最常见的为挡土墙。挡土墙是能够抵挡侧向土压力、保持土体稳定的墙式构筑物，是为防止路基坍塌或山坡土体坍塌而修筑的。挡土墙可分类如下。

（1）按位置分类。可分为路堑挡土墙、路堤挡土墙等。

（2）按墙体材料分类。可分为浆砌块石挡土墙、水泥混凝土挡土墙、钢筋混凝土挡土墙、钢板挡土墙等。

（3）按结构形式分类。可分为重力式挡土墙、衡重式挡土墙、悬臂式挡土墙、扶壁式挡土墙、锚杆式挡土墙、加筋土挡土墙等。

挡土墙如图2-22所示。靠回填土或山坡的一侧称为墙背；外露临空的一侧称为墙面，也称墙胸；墙的顶面称为墙顶；墙的底面称为基底或墙底；墙面与墙底的交线称为墙趾；墙背与墙底的交线称为墙踵；墙背与铅垂线的夹角称为墙背倾角（见图2-22中的角 α）。

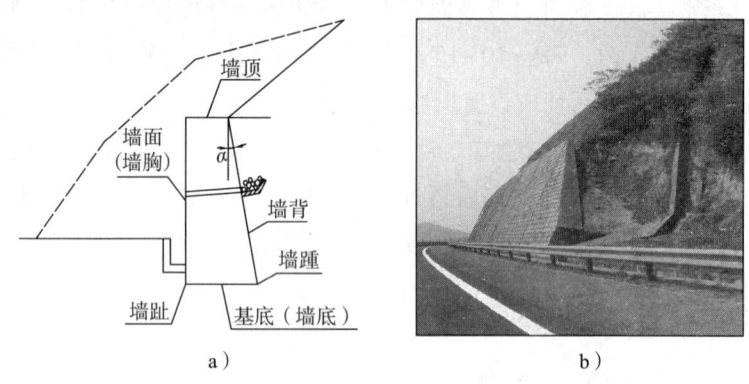

图2-22 挡土墙

a）结构示意图 b）实物图

2. 支挡防护施工注意事项

岩体破碎或土质松软、有水地段，修建支挡防护结构应按结构要求适当分段，及时施工，不应长段挖基。

（1）支挡防护结构基坑开挖前，应建好临时排水设施。基坑开挖后应及时进行基底及墙身施工，建好墙后排水设施，并及时回填路堤。

（2）应分段边开挖边修建基底与墙身，应保证支挡防护结构各部分的几何尺寸符合设计要求，应避免基底开挖后长时间暴露，防止影响边坡稳定。

（3）支挡防护结构端部伸入路堤或嵌入地层部分应与墙体一起施工。路堑支挡防护结构顶面应抹平与边坡相接，两者之间的空隙应填实并封闭。

（4）支挡防护结构与桥台连接时，应协调配合施工，必要时应加临时支撑，保证相接填方处或基底土层的稳定。

（5）支挡防护结构基坑开挖后，要核对地质资料，经验收合格后，方可进行基底施工，当与设计不符时应及时反馈。泄水孔、反滤层、排水层、隔水层、沉降缝和伸缩缝的设置都应符合设计要求。

3. 支挡防护施工工艺

（1）砌体应分层坐浆，砌筑上层时不能振动下层。不得在已砌好的砌体抛掷、滚动和敲击石块。砌体砌筑完成后，应进行勾缝。

（2）砂浆或混凝土的配合比应符合试验规定。

（3）砌石分层错缝，浆砌时坐浆应挤紧，嵌填应饱满密实。

（4）沉降缝、泄水孔的位置和数量应符合设计要求。

（5）石料规格和质量应符合设计及有关规定。

（6）砌筑时必须两面立杆线或样板挂线，外面线应顺直整齐，逐层收坡，内面线可大致顺直，在砌筑过程中应经常校正线杆，以保证砌体各部分尺寸符合图样要求。

（7）墙基础不得被水浸泡，如基础积水时，应及时排除，以免基础在砂浆初凝前受到水的侵害。

（8）砌筑基础的第一层时，如基底为岩石或混凝土，应先清洗其表面，然后坐浆砌筑。

（9）砌筑工作中断后，重新开始砌筑时，应先清洗砌层表面。

三、沿河冲刷防护

沿河冲刷防护工程主要用于防备水流对边坡的冲刷进而保护边坡。

1. **沿河冲刷防护结构类型**

沿河冲刷防护结构分为直接防护结构和间接防护结构两类。直接防护结构包括植物防护、砌石或混凝土防护、护坦防护、抛石防护等结构。间接防护结构包括丁坝、顺坝、防洪堤等导流构筑物以及改移河道。

2. **沿河冲刷防护施工注意事项**

（1）沿河路基边坡防护工程基底应埋设在局部冲刷线以下（不小于1 m）或基岩内。

（2）在导流构筑物施工前，应根据现场具体情况，采取相应措施，避免冲刷农田、村庄、公路等。

（3）植物防护施工规定如下。

1）经常浸水或长期浸水的路堤边坡，不宜种草防护。

2）沿河路堤边坡铺草皮防护，宜采用平铺、叠铺的方法，坡面与基础部分的铺设应符合设计要求。基础部分铺设层的表面应与地面齐平。

3）植树防护宜采用带状。防护河岸路基需防御风浪侵蚀，宜采用横向（与河平行）带状；防护桥头引道路堤，宜采用纵向（与河流方向垂直）带状。

4）植树应选用喜水树种，林带应由多行树木组成，乔灌木要密植。

5）植树后，应采取有效措施加以保护。

（4）砌石或混凝土防护施工规定如下。

1）石料应选用未风化的坚硬岩石。

2）开挖基坑前，应核对地质情况，与设计要求不符时，应及时报告。基坑在主体结构完成后应及时用符合设计要求的材料回填。

3）铺砌层底面的砂、砾石垫层或反滤层，应符合设计要求。

4）坡面密实、平整、稳定后方可铺砌。砌块应交错砌紧。砂浆应饱满、密实。

5）每10~15 m宜设伸缩缝，基底土质变化处应设沉降缝，并按设计要求留好泄水孔。

6）干砌、浆砌片石时，不得大面积平铺，石块应彼此交错搭接，不得松动。干砌、浆砌卵石时，必须使卵石长边垂直坡面，成横行栽砌牢固。铺砌混凝土预制块时，应按设计规格和要求检验合格后方可铺筑。就地浇筑混凝土板时，宜采取措施提高早期强度，混凝土板表面应平整、光滑。

（5）护坦防护施工中，护坦顶面应埋入河床以下0.5~1.0 m。

（6）抛石防护施工规定如下。

1）抛石体边坡坡度和石料粒径应根据水深、流速和波浪情况确定，石料粒径应大于300 mm，宜用大小不同的石块掺杂抛投。坡度应不大于石料浸水后的天然休止角。

2）抛石层厚度，宜为粒径的3~4倍；用大粒径石料时，抛石厚度不得小于粒径的2倍。

3）抛石石料应选用质地坚硬、耐冻且不易风化裂缝的石块。

4）抛石防护除特殊情况外，宜在枯水季节施工。

第3单元 路面施工基本技能

模块1 路面施工基础知识

一、路面工程的定义

路面工程是指路面设计、施工、养护、检测、维修、加固等及与路面相关的科学研究和工程技术的总称。

二、路面结构层次

根据设计要求和就地取材原则，路面可用不同材料分层铺筑。低、中级路面一般结构层次较少，通常包括面层、基层、垫层等层次；高级路面结构层次较多，一般包括面层、功能层、基层、底基层、垫层等层次。路基、路面结构层次示意图如图3-1所示。

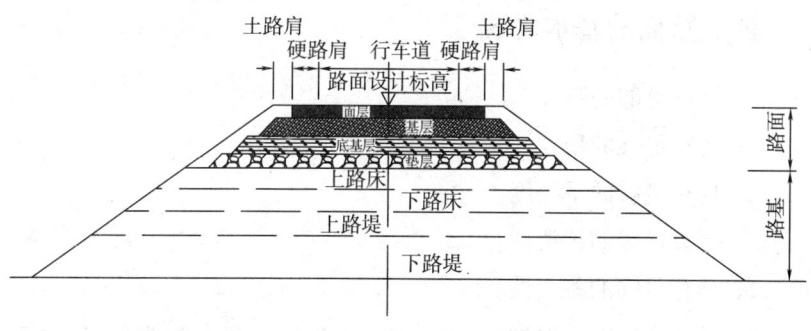

图3-1 路基、路面结构层次示意图

三、路面结构层次的功能和主要材料

路面结构层次的功能和主要材料见表 3-1。

表 3-1　　　　路面结构层次的功能和主要材料

结构类型	功能	主要材料
面层	面层是直接与行车和大气相接触的层次，承受行车荷载（包括竖向力、水平力等），同时又受到雨水的侵蚀作用和温度变化的影响	沥青混合料、水泥混凝土等
功能层	功能层是面层与基层间的或面层中间的沥青混合料联结层，可加强沥青路面结构层的层间接触，避免层间产生滑动位移；可封闭基层空隙，防止水分浸入基层	液体沥青、乳化沥青、煤青、石油沥青、沥青碎石混合料等
基层	基层主要承受行车施加的竖向力，并把面层传下来的力扩散到垫层或路基	各种工业废渣组成的混合料、水泥稳定碎石、沥青稳定碎石、砾石混合料、级配碎石等
底基层	位于基层之下，垫层之上，用来加强基层，起到承受和传递荷载的作用	一般同基层材料
垫层	介于基层（或底基层）和路基之间的层次，其主要作用是调节路基的温度和湿度状态	砂、砾石、炉渣、石灰土等

四、路面的基本要求

1. 具有足够的强度。
2. 具有足够的稳定性。
3. 具有足够的平整度。
4. 具有足够的抗滑性。
5. 具有足够的耐久性。
6. 具有良好的环保性。

模块2 路面基层施工基本技能

路面基层是位于面层下、用高质量材料铺筑的主要承重层。基层可以是一层或两层，可用一种材料或两种，其主要作用是承受由面层传递的车辆荷载，并将其分布到下面的垫层或路基上，采用的铺筑材料价格较高。

一、路面基层常用原材料和混合料

1. 常用原材料

水泥、石灰、粉煤灰、土、碎石、砾石等。

2. 常用混合料

混合料的种类很多，不同类型基层在混合料的使用方面有较大差异，具体见表3-2和表3-3。

表3-2 基层（根据材料的组成和使用性能分类）与对应混合料

基层分类		混合料名称
有结合料的稳定类基层	有机结合料稳定类基层	沥青碎石等
	无机结合料稳定类基层	水泥稳定碎石、石灰稳定碎石、工业废渣稳定碎石等
无结合料的粒料类基层		级配碎石、级配砾石等

表3-3 基层（根据材料强度分类）与对应混合料

基层分类	水泥稳定基层	混合料组成	混合料名称
半刚性基层	水泥稳定基层	水泥（结合料）、水、被稳定材料等	水泥稳定级配碎石、水泥稳定级配砾石、水泥稳定石屑、水泥稳定土、水泥稳定砂等

续表

基层分类		混合料组成	混合料名称
半刚性基层	石灰稳定基层	石灰（结合料）、水、被稳定材料等	石灰碎石土、石灰土等
	综合稳定基层	结合料（两种或两种以上材料组成）、水、被稳定材料等	水泥石灰稳定材料、水泥粉煤灰稳定材料、石灰粉煤灰稳定材料等
柔性基层	嵌锁型粒料稳定基层	碎石、砾石、石屑、黏土、石灰土、泥浆等	泥结碎石、泥灰结碎石、水结碎石、干压碎石等
	级配型粒料稳定基层	碎石、石屑等	级配碎石、级配砾石等
	有机结合稳定基层	有机结合料、有一定塑性的细粒土、沥青、碎石等	热拌或冷拌沥青混合料、沥青贯入式碎石等
刚性基层	水泥混凝土基层	水泥、碎石、砂、钢筋等	普通混凝土、钢筋混凝土、碾压混凝土、贫混凝土等

二、路面基层的特点

1. 半刚性基层的特点

半刚性基层整体性好、承载力高、刚度大、水稳性好，且较为经济。目前，已广泛地应用于各等级公路的路面基层（底基层）。

2. 柔性基层的特点

柔性基层常用到沥青稳定碎石混合料和级配碎石混合料，对交通荷载的变化不太敏感，可通过自身良好的弹性，提高对重交通荷载的适应能力。同时，由于两种材料的水稳性好，可提高沥青路面的长期使用性能。

3. 刚性基层的特点

刚性基层有较高的强度和刚度，水稳性较好，抗冲刷能力强。

三、路面基层施工准备

1. 原材料要求

（1）水泥。水泥是粉状水硬性无机胶凝材料，可起到黏结的作用。强度等级为 32.5 MPa 或 42.5 MPa，且满足《公路路面基层施工技术细则》（JTG/T F20—2015）的普通硅酸盐水泥均可使用。

水泥初凝时间应大于 3 h，终凝时间应大于 6 h 且小于 10 h。如用散装水泥，在水泥进场入罐（水泥罐）前，要了解其出炉天数，刚出炉的水泥，要停放 7 d，且安定性检测合格后才能使用。气温高于 30 ℃时，散装水泥入罐温度不得高于 50 ℃，若高于这个温度且必须使用时，应采用降温措施。气温低于 15 ℃时，水泥入罐温度应不低于 10 ℃。

（2）粗集料。粗集料指天然的卵石、砾石及机械轧制的碎石，可起到骨架支撑的作用。

（3）细集料。细集料指粒径小于 2.36 mm 的天然砂、人工砂（包括机制砂）及石屑，可起到填充的作用。应干净、干燥、未经风化、无杂质、满足适当的颗粒级配要求。

（4）水。饮用水可直接作为基层、底基层材料拌和与养护用水。拌和使用的非饮用水应进行水质检验，技术要求应符合《公路路面基层施工技术细则》（JTG/T F20—2015）的规定。

（5）原材料堆放和质量管理

1）应采取有效措施按原材料质量管理程序进行检验，不合格材料不得进入料场。

2）不同规格砂石材料要严格分档、隔离堆放，严禁混堆。各档材料间应设置高于 2 m 的硬分隔墙。

3) 须为粒径 4.75 mm 及以下集料设雨棚或覆盖防雨油布，袋装水泥应在室内架空堆放。

2. 施工设备配备要求

配备足够的拌和、运输、摊铺、压实等施工设备和配件，开工前做好保养和试机工作，尽量避免在施工期间发生有碍施工进度和质量的故障。主要施工设备配备要求如下。

（1）拌和楼。拌和楼是由配料、搅拌、电气控制等部分组成的全自动混合料拌和成套设备，适用于公路、铁路等大中规模的施工工程和中小规模的混合料生产。应配置与实际摊铺能力匹配的拌和楼。为使混合料拌和均匀，拌缸要满足一定长度。要求料仓上口必须安装钢筋网盖，筛除超出粒径规格的集料及杂物。

对于高速公路和一级公路，混合料拌和设备每小时的产量应大于 500 t。拌和楼料仓（见图 3-2）数目应与规定的备料档数相匹配，宜较规定的备料档数增加 1 个，各料仓之间的挡板高度应不小于 1 m。

料斗、水箱、罐仓都要求装配高精度电子动态计量器。电子动态计量器应经有资质的计量部门计量标定后方可使用。

图 3-2 拌和楼料仓（右侧）

（2）摊铺机。摊铺机是一种主要用于摊铺基层和底基层各种材料的施工设备，主要包括行走系统、液压系统、输送分料系统等。应根据路面基层、底基层的宽度、厚度，选用合适的摊铺机械。施工时应采用两台摊铺机作业，要求两台摊铺机功能一致，以保证路面基层厚度一致、完整无缝、平整度好。

（3）压路机。施工场地一般配备 12~15 t 双钢轮压路机 1~2 台（见图3-3），18~20 t 的单钢轮压路机 2~3 台（见图3-4），25 t 以上的轮胎压路机 1~2 台。压路机的吨位和台数必须与拌和机及摊铺机生产能力相匹配，使从加水拌和到碾压结束的时间不超过 2 h，以保证施工正常进行。

图 3-3 双钢轮压路机

图 3-4 单钢轮压路机

（4）装载机、洒水车（见图3-5）、自卸汽车（见图3-6）。其数量要与拌和楼、摊铺机、压路机生产能力相匹配。

图3-5　洒水车　　　　　　　图3-6　自卸汽车

（5）水泥钢制罐仓。由拌和楼生产能力决定其容量，罐仓内应配有水泥破拱装置，以免水泥起拱停流。

（6）检测仪器。基层工地试验室需按照规范要求配备主要检测仪器。开工前要求加强对拌和楼、检测仪器等设备的标定工作，确保拌和及检测数据真实可靠。施工过程中应加强对拌和楼、检测仪器等设备的检修、维护，以便能及时发现设备出现的问题。对拌和楼筛网应经常进行检查，发现堵塞和破损现象应及时清理和更换，以控制混合料的配合比。基层集料加工场的石料破碎机必须配备振动预筛喂料装置（筛网长度不小于2 m），以降低集料中的含泥量。

3. 拌和场地要求

（1）拌和场地要选在空旷、干燥、交通便利的区域，要远离工厂、居民区，还要远离经济农作物集中的区域，避免对当地居民的生产、生活和居住环境带来不利影响。

（2）要求对基层堆料场地用水泥混凝土或水稳结合料进行硬化（强度不低于15 MPa，厚度应不小于20 cm），防止出现弹簧、翻浆现象。要求设专人每天对拌和场地（场区道路等）及时进行洒水清扫，减少灰尘对集料的污染。

（3）拌和场地需按有关原材料及混合料报验制度的规定设立标识牌：在原材料堆放场地设原材料标识牌，注明原材料的名称、用途、规格、产地、检验时间、检验结果；在拌和设备前设混合料配合比标识牌，并严格按施工配合比施工。

四、路面基层施工工序及工艺要求

下面以水泥稳定碎石基层为例说明路面基层的厂拌法施工工序及工艺要求，见表3-4。

表3-4　水泥稳定碎石基层的厂拌法施工工序及工艺要求

施工工序	图片	工艺要求
准备下承层（底基层）		底基层表面要平整、坚实并具有规则路拱，表面高程、宽度、平整度、密实度、弯沉等均要符合设计要求，尤其是弯沉。同时，施工机械等也要准备就绪 施工前须将底基层表面的浮土和积水清理干净，如表面干燥，应洒适量水，使其表面湿润
施工测量放样		根据复测合格的导线点和水准点，测量人员用全站仪在底基层上放出路线的边桩。一般直线路段每10 m设1个，弯道处每5 m设1个 施工前，还应对底基层两侧边桩进行高程测量，逐个算出要施工的水泥稳定碎石层的厚度。边线平面偏位、水稳基层顶面高程控制应在规定范围之内
设置找平基线		根据放出的边桩，用石灰画出基层两侧边缘线，以便引导摊铺机行走。根据高程测量，沿两侧设置钢丝，以便摊铺机控制标高和平整度 钢丝的高度为摊铺结构层的厚度乘以松铺系数。钢丝桩在直线路段每10 m设置1个，在平曲线上每5 m设置一个。钢丝要拉紧，拉力不得小于800 N，不得随意调整钢丝高度。摊铺时，应在摊铺机前面设专人检查钢丝高度，以防出现差错

续表

施工工序	图片	工艺要求
拌和		混合料拌和采用具有自动进料和计量装置的粒料拌和设备进行集中拌和 水泥罐仓搭配水泥破拱器，在水泥计量螺旋出料口用红外线测温仪对水泥进行测温，当温度接近 50 ℃时，整个水泥罐要用土工布包裹和覆盖并用水浇洒 拌和前应先由试验员测定集料的含水量，水泥剂量较试验确定的剂量增加 0.5%，并根据天气情况使混合料的含水量比最佳含水量增加 0.5%，以使混合料在摊铺时的含水量接近最佳值 高速公路基层的混合料拌和时，宜采用两次拌和生产工艺，也可采用间歇式拌和生产工艺，拌和时间应不少于 15 s
运输		每天开工前要检查运输车辆的完好情况，装料前应将车厢清洗干净 水泥稳定碎石混合料应全程覆盖直至卸料完成，应在水泥初凝时间内运到现场并摊铺、压实成型，否则应予以废弃 在摊铺机前应配备一名熟练的技术工人指挥自卸车的卸料，以免自卸车撞击摊铺机。自卸车与摊铺机以相距 30 cm 左右为宜
摊铺		将混合料运到施工现场后，应立即开始摊铺混合料，每层的摊铺厚度不能小于 160 mm，不能大于 200 mm。施工的平整度、厚度控制采用拉钢丝的方法，摊铺机感应器自动调节，确保基层厚度、平整度达到规范要求，保证路拱横坡坡度满足设计要求 摊铺机宜选用连续摊铺、功率不低于 120 kW 的水稳摊铺机。如拌和楼生产能力较小，应采用最低速度摊铺，禁止摊铺机停机待料。摊铺机的摊铺速度一般宜为 1 m/min

第3单元　路面施工基本技能

续表

施工工序	图片	工艺要求
摊铺		应采用两台摊铺机梯队作业，一前一后作业时应保证其摊铺速度、摊铺厚度、松铺系数、路拱坡度、摊铺平整度、振动频率等一致，两机摊铺接缝应平整，两机前后相距不大于10 m，且两个施工面纵向应有300~400 mm的重叠 摊铺机的螺旋布料器应有2/3埋入混合料中 在操作摊铺机时应采取混合料防离析措施，如降低布料器前挡板的离地高度。在摊铺机后面应设专人消除离析现象，应铲除局部"粗集料窝"，并用新拌混合料填补
碾压		每台摊铺机后面，应紧跟压路机进行碾压，一次碾压长度一般为50~80 m。碾压段落必须层次分明，设置明显的分界标志，并有专人负责 碾压程序和碾压遍数应通过试验路段确定。碾压时，驱动轮朝向摊铺机方向，先低后高、先轻后重、先慢后快、先静后振压。压路机碾压时应遵循重叠1/3轮宽的原则，避免出现推移、起皮和漏压的现象 压实时，遵循"初压（遍数适中，使路面压实度达到90%）→轻振动碾压→重振动碾压→稳压"的程序，压至无轮迹为止。注意初压要充分，振压不起拱、不推移 压路机应自然停车，无特殊情况，不能制动；换挡要轻且平顺，不要拉动基层或底基层；压路机须增设限速装置 碾压分初压、复压、终压进行，初压、复压、终压段落应设置明显标志。对松铺厚度、碾压顺序、压路机组合方式、碾压遍数、碾压速度，应设专人管理和检查，使基层做到既不漏压又不超压

· 69 ·

续表

施工工序	图片	工艺要求
接缝处理		摊铺水泥稳定碎石混合料时，应连续作业，如因故中断时间超过 2 h，应设置横缝；每天收工后，第二天开工的接头断面也要设置横缝 横缝设置方法：压路机碾压完毕，应沿端头斜面开到下承层（底基层）上停机；在重新开始铺筑前将压路机沿斜面开到已施工的基层上，将三米直尺纵向放在接缝上，定出基层面离开三米直尺的点，将此点作为接缝位置，然后沿横向断面挖除末端混合料，清理干净后，摊铺机从接缝处起步进行摊铺作业；压路机沿接缝进行横向碾压，接缝处碾压密实后再纵向正常碾压
养护		每一段摊铺压实后的基层应立即开始养护，同时进行压实度检查 养护方法：先将土工布湿润，然后用人工将其覆盖在碾压完成的基层顶面。覆盖 2 h 后，再用洒水车洒水养护。7 d 内应保持基层处于湿润状态，28 d 内进行正常养护。不得用湿黏土或塑料编织物覆盖。养护期间应视天气定期洒水，高温期上午、下午宜各洒水一次。养护结束后，必须将覆盖物清除干净 洒水车的喷头要用喷雾式，不得用高压式，以免破坏基层结构 养护期间禁止除养护车辆外的其他施工车辆及社会车辆在成型路段上通行，行驶速度应小于 40 km/h。养护 7 d 后，施工需要通行重型货车时，应有专人进行看护，按规定的车道行驶，且车速应不大于 30 km/h

模块 3　路面功能层施工基本技能

路面的功能层分为透层、黏层、封层等。

一、基本概念

1. 透层

透层是在基层上喷洒液体沥青、乳化沥青形成的透入基层表面一定深度的薄层,也是可使沥青面层与非沥青材料基层结合良好的结构层。

透层的作用如下。

(1) 填补基层表面的细小缝隙。透层油中的沥青下渗后具有填隙的作用。

(2) 固化基层表面。基层表面细集料较松散,透层油中的沥青具有固化作用。

(3) 提高基层表面强度。提高基层表面质量是提高道路整体强度的关键,透层油可提高基层表面强度。

(4) 增加基层和面层的连接度。

(5) 提高基层抗冲刷能力。

(6) 养护基层。

2. 黏层

为加强路面沥青层与沥青层之间、沥青层与水泥混凝土路面之间的黏结而洒布的沥青材料薄层称为黏层。

3. 封层

为封闭表面空隙、防止水分浸入而在沥青面层或基层上铺筑的有一定厚度的沥青混合料薄层称为封层。铺筑在沥青面层表面的称为上封层,铺筑在沥青面层下面、基层表面的称为下封层。

上封层可起到封闭水分及抵抗车轮磨耗的作用,实际上是表面处治的一种。下封层是联结沥青面层和基层的结构层,并且还有防水功能,既能防止路面渗下的水进入基层,又能防止路基的毛细水上升至路面层。

二、透层的施工

1. 适用条件

沥青路面的各类基层都必须喷洒透层油,沥青面层必须在透层油完全渗入基层后才可铺筑。

2. 施工准备

(1) 材料的准备。根据基层类型选择渗透性好的液体沥青、乳化沥青、煤沥青作透层油。

(2) 机械设备的准备。透层油宜采用沥青洒布车(见图 3-7)一次喷洒均匀,喷嘴宜根据透层油的种类和黏度选择并保证均匀喷洒,沥青洒布车喷洒不均匀时宜改用手工沥青洒布机喷洒。

图 3-7 沥青洒布车

(3) 环境的准备。气温低于 10 ℃或大风或即将降雨时不得喷洒透层油。用于半刚性基层的透层油宜在基层碾压成型后表面稍变干燥、但尚未硬化的情况下喷洒。在无结合料粒料基层上洒布透层油时,宜在铺筑沥青面层前 1~2 d 洒布。喷洒透层油前应清扫路面,遮挡防护路缘石及人工构筑物避免污染。

3. 施工流程

(1) 用洒布车洒布透层油。透层油必须洒布均匀,如有遗漏应人工补洒,喷洒过量时应立即洒布石屑或砂吸油,必要时可适当进行碾压。洒布透层油后,不得在路基表面形成能被运料车和摊铺机粘起的油皮。透层油达不到渗透深度要求时,应更换透层油稠度或品种。

喷洒后可通过钻孔或挖掘确认透层油渗透入基层的深度,无机结合料稳定类基层不宜小于 5 mm,无结合料粒料基层不宜小于 10 mm。透层油应能与基层联结成为一体。

透层油的用量可通过试洒确定,不宜超出表 3-5 要求的范围。

表 3-5　　　　　沥青路面透层油的规格和用量

用途	液体沥青		乳化沥青		煤沥青	
	规格	用量/(L/m^2)	规格	用量/(L/m^2)	规格	用量/(L/m^2)
无结合料粒料基层	AL(M)-1、2 或 3 AL(S)-1、2 或 3	1.0~2.3	PC-2 PA-2	1.0~2.0	T-1 T-2	1.0~1.5
半刚性基层	AL(M)-1 或 2 AL(S)-1 或 2	0.6~1.5	PC-2 PA-2	0.7~1.5	T-1 T-2	0.7~1.0

(2) 养护。透层油洒布后的养护时间随透层油的品种和气候条件不同而不同,应在确保液体沥青中的稀释剂全部挥发,乳化沥青渗透且水分蒸发后,尽早铺筑沥青面层,防止工程车辆损坏透层。为了保护透层油,使之不被运输车辆破坏,通常可以在上面铺撒一层石屑或粗砂。

三、黏层的施工

1. 适用条件

在沥青面层施工过程中,符合下列情况之一时,必须喷洒黏层油。

(1) 双层式或三层式热拌热铺沥青混合料路面的沥青层之间。

(2) 水泥混凝土面层、旧沥青路面层或沥青稳定碎石基层上加铺沥青层。

(3) 路缘石、雨水口、检查井等构筑物与新铺沥青混合料接触的侧面。

2. 施工准备

(1) 材料的准备。黏层油宜采用快裂或中裂乳化沥青、改性乳化沥青,也可采用快凝、中凝液体沥青,其规格和质量应符合相关规范的要求。沥青路面黏层材料的规格和用量见表3-6。

表3-6　　　　沥青路面黏层材料的规格和用量

下承层类型	液体沥青		乳化沥青	
	规格	用量/(L/m^2)	规格	用量/(L/m^2)
新建沥青层或旧沥青路面	AL(R)-3~ AL(R)-6 AL(M)-3~ AL(M)-6	0.3~0.5	PC-3 PA-3	0.3~0.6
水泥混凝土	AL(M)-3~ AL(M)-6 AL(S)-3~ AL(S)-6	0.2~0.4	PC-3 PA-3	0.3~0.5

注:表中用量是指包括稀释剂、水分等在内的液体沥青、乳化沥青的总量。乳化沥青中的残留物含量以50%为基准。

黏层油的品种和用量,应根据下承层的类型通过试洒确定,要符合表3-6的要求。当黏层油上铺筑薄层大空隙排水路面时,黏层油的用量宜增加到0.6~1.0 L/m^2。在沥青层之间兼作封层而喷洒的黏层油宜采用改性沥青或改性乳化沥青,其用量不宜少于1.0 L/m^2。

(2) 机械设备的准备。黏层油也可采用沥青洒布车喷洒,需选择适宜的喷嘴,洒布速度和喷洒量要保持稳定。当采用机动或手工沥青洒布机喷洒时，必须由熟练的技术工人操作，确保均匀洒布。

(3) 施工条件。气温低于 10 ℃时不得喷洒黏层油，寒冷季节施工不得不喷洒时可以分两次喷洒。路面潮湿时不得喷洒黏层油，用水洗刷后需待表面干燥。

3. 施工流程

(1) 用洒布车洒布黏层油。喷洒的黏层油必须呈均匀雾状，在路面全宽范围内均匀喷洒一薄层，不得呈条状喷洒，不得漏洒，也不得堆积。喷洒不足处要补洒，喷洒过量处应予以刮除。喷洒黏层油后，严禁除运料车以外的其他车辆和行人通过。用洒布车洒布黏层油如图 3-8 所示。

图 3-8　用洒布车洒布黏层油

(2) 养护。黏层油宜在铺筑面层当天洒布，待乳化沥青破乳、水分蒸发完成，或稀释沥青中的稀释剂基本挥发完成后，紧跟着铺筑沥青面层，确保黏层不受污染。洒布后的黏层油如图 3-9 所示。

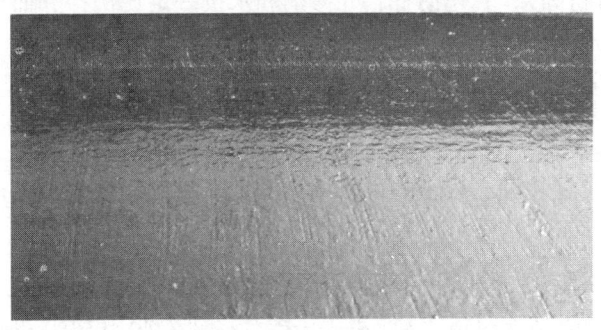

图 3-9　洒布后的黏层油

四、封层的施工

1. 适用条件

各种封层适用于加铺磨耗层、应力缓冲层（用于水泥混凝土路面）、防水层、密水层、预防性养护罩面层等。

（1）上封层铺设在沥青面层上面，可起到封闭水分及抵抗车轮磨耗的作用。上封层根据情况可选择乳化沥青稀浆封层、微表处、改性沥青集料封层、薄层磨耗层等。

微表处是用"适当级配的石屑或砂、填料（水泥、石灰、粉煤灰、石粉等）、聚合物改性乳化沥青、外掺剂和水按一定比例拌和而成的流动状态的沥青混合料"均匀地摊铺在路面上形成的沥青封层。

（2）下封层铺设在基层之上，可起到封闭空隙，阻止水分渗透的作用。多雨潮湿地区的高速公路、一级公路，其沥青面层空隙率较大，有严重渗水可能，或铺筑好基层不能及时铺筑沥青面层而需通行车辆时，宜在喷洒透层油后铺筑下封层。下封层宜采用层铺法表面处治或稀浆封层施工。

稀浆封层是用"适当级配的石屑或砂、填料（水泥、石灰、粉煤灰、石粉等）、乳化沥青、外掺剂和水按一定比例拌和而成的流动状态的沥青混合料"均匀地摊铺在路面上形成的沥青封层。

2. 施工准备

（1）上封层材料的准备

1）裂缝较细、较密的可采用涂洒类密封剂、软化再生剂等涂刷罩面。

2）二级及二级以下公路的旧沥青路面可以采用普通的乳化沥青稀浆封层，也可在喷洒道路石油沥青后洒布石屑（砂）后碾压做封层。

3）高速公路、一级公路的轻微损坏处宜铺筑微表处。

4）对用于改善抗滑性能的上封层可采用稀浆封层、微表处或改性沥青集料封层。

（2）下封层材料的准备。采用乳化沥青或改性乳化沥青作结合料。结合料的品种和质量应分别符合技术规范的要求。

（3）机械设备的准备。准备封层车、小型压路机等。

（4）封层施工条件。封层宜选择在干燥、炎热的季节施工，并在低温天气（最高温度低于15 ℃）和雨季到来前半个月结束。

铺设上封层的下承层前必须彻底清扫干净路面，对车辙、坑槽、裂缝进行处理或挖补。进行稀浆封层和微表处施工前，应彻底清除原路面的泥土、杂物，修补坑槽、凹陷和较宽的裂缝宜清理后再灌缝。在水泥混凝土路面上铺筑微表处时宜洒布黏层油，对于过于光滑的表面须做拉毛处理。稀浆封层和微表处的施工温度不得低于10 ℃，严禁在雨天施工，摊铺后尚未成型的混合料遇雨时应予以铲除。

3. 施工流程

封层施工工艺流程为：洒布沥青→撒布集料→碾压→养护及交通管制。

（1）洒布沥青。封层采用乳化沥青进行表面处治，用计算机主控全自动沥青洒布车喷洒乳化沥青，保证洒布量和洒布效果。在常温下洒布时，需稳定洒布车速度以保证喷洒量，喷油管要有适当高度，要求洒布均匀、不重不漏，且不得堆积。

（2）撒布集料。每段乳化沥青喷洒后，应立即用智能碎石封层车、集料撒布车撒布集料。撒布车应倒车撒布，车速不宜过快。对撒布不到位的地区应及时处理，确保撒布均匀。集料撒布应全部在乳化沥青破乳之前完成。

（3）碾压

1）撒布集料后，应立即用 12 t 双钢轮压路机进行碾压。碾压期间，压路机不得中途停留、转向。当压路机来回交替碾压时，前后两次停留地点应相距 10 cm 以上，并驶出压实起始线 3 m 以外。

2）压路机不得停留在温度高于 70 ℃ 的已经压过的混合料上，同时应采取有效措施，防止油料、润滑脂、汽油等在压路机操作或停放期间掉落到路面上。

3）碾压速度宜控制在 2 km/h 左右，整个碾压过程应在乳化沥青破乳之前完成，并以"先四周后中间，先快后慢，先轻后重，先静后动"为原则。

（4）养护及交通管制。施工完成后，应派专人进行交通管制。必须行驶的施工车辆应在乳化沥青破乳后才能上路，并保证车速低于 5 km/h，不得在刚洒的封层上刹车或掉头。

模块 4　沥青混合料路面面层施工基本技能

一、沥青混合料路面的特点

沥青混合料路面是一种弹塑性黏性材料，有很多优点。

1. 有一定的高温稳定性和低温抗裂性。

2. 无须设置施工缝和伸缩缝，路面平整且有弹性，行车比较舒适。

3. 路面有一定的粗糙度，雨天具有良好的抗滑性。

4. 沥青混合料路面为黑色，不会发生强烈反光，行车比较安全。

5. 施工方便，施工速度快，养护期短，能及时开放交通。

6. 可分期改造和再生利用。随着道路交通量的增大，可以对原有的路面拓宽和加厚。对原有的沥青混合料，可以运用现代技术，再生利用，以节约原材料。

沥青混合料也存在一些问题，如夏季高温时易软化，路面易产生车辙、波浪等现象。冬季低温时易脆裂，在车辆重复荷载作用下易产生裂缝。老化时，路面表层会产生松散开裂现象，造成路面破坏。

二、沥青混合料的分类

沥青混合料是由矿料与沥青拌和而成的混合料的总称，按制造工艺可分为以下几类。

1. 再生沥青混合料

旧沥青路面经过翻挖、回收、破碎、筛分后所得旧集料，与再生剂、新沥青材料、新集料等按一定比例重新拌和可得到再生沥青混合料。

2. 冷拌沥青混合料

矿料与乳化沥青或稀释沥青在常温状态下拌和、铺筑的混合料。

3. 热拌沥青混合料

矿料与沥青在热态下拌和、热态下铺筑成型的混合料。

公路路面工程中最常用的沥青混合料是热拌沥青混合料（简称HMA）。热拌沥青混合料是将用人工组配的矿料与黏稠沥青在专门设备中加热拌和而成的，用保温运输工具运送至施工现场，并在热态下进行摊铺和压实。所以，热拌沥青混合料通称为"热拌热铺沥青混合料"。

热拌沥青混合料可按集料公称最大粒径、矿料级配、空隙率分类，见表3-7。

表3-7　　　　　热拌沥青混合料种类

混合料类型	密级配		开级配		半开级配	集料公称最大粒径/mm	最大粒径/mm
	连续级配	间断级配	间断级配		沥青稳定碎石		
	沥青混凝土	沥青稳定碎石	沥青玛蹄脂碎石	排水式沥青磨耗层	排水式沥青稳定碎石基层			
特粗式	—	ATB-40			ATPB-40		37.5	53.0

续表

混合料类型	密级配			开级配		半开级配	集料公称最大粒径/mm	最大粒径/mm
	连续级配		间断级配	间断级配		沥青稳定碎石		
	沥青混凝土	沥青稳定碎石	沥青玛蹄脂碎石	排水式沥青磨耗层	排水式沥青稳定碎石基层			
粗粒式	—	ATB-30	—	—	ATPB-30	—	31.5	37.5
	AC-25	ATB-25	—	—	ATPB-25	—	26.5	31.5
中粒式	AC-20	—	SMA-20	—	—	AM-20	19.0	26.5
	AC-16	—	SMA-16	OGFC-16	—	AM-16	16.0	19.0
细粒式	AC-13	—	SMA-13	OGFC-13	—	AM-13	13.2	16.0
	AC-10	—	SMA-10	OGFC-10	—	AM-10	9.5	13.2
砂粒式	AC-5	—	—	—	—	AM-5	4.75	9.5

注：AC、ATB、SMA、OGFC、ATPB、AM 等均为特定种类热拌沥青混合料的简称。

沥青面层集料的最大粒径宜从上至下逐渐增大，并应与压实层厚度相匹配。对热拌密级配沥青混合料，沥青层单层的压实厚度不宜小于集料公称最大粒径的 2.5~3 倍，对 SMA 和 OGFC 等嵌挤型混合料不宜小于集料公称最大粒径的 2~2.5 倍，以减少离析，便于压实。

三、热拌沥青混合料路面的应用

1. 密级配沥青混凝土混合料（AC）路面

密级配沥青混凝土混合料适用于各等级公路的沥青面层，设计空隙率为 3%~5%，目前应用最广泛。

2. 密级配沥青稳定碎石混合料（ATB）路面

密级配沥青稳定碎石混合料是由矿料和沥青组成的、具有一定级配要求的混合料，设计空隙率为 3%~6%，分粗粒式和特粗式，适用于沥青混合料路面的基层。

3. 密级配沥青玛蹄脂碎石混合料（SMA）路面

密级配沥青玛蹄脂碎石混合料是由沥青与少量的纤维稳定剂、

细集料以及较多的填料（矿粉）组成的沥青玛蹄脂，填充于间断级配的粗集料骨架的间隙，组成的沥青混合料。其在组成上具有粗集料多、矿粉多、沥青多、细集料少的特点。SMA 路面适用于高速、一级公路的表面层。

4. 开级配沥青混合料路面

开级配沥青混合料由开级配排水式沥青磨耗层混合料（OGFC）和开级配排水式沥青稳定碎石基层混合料（ATPB）组成，其矿料主要由粗集料嵌挤组成，细集料及填料较少，设计空隙率大于 18%。OGFC 适用于多雨地区修筑路面的表层或磨耗层，ATPB 适用于排水式沥青路面基层。

5. 半开级配沥青稳定碎石混合料（AM）路面

半开级配沥青稳定碎石混合料由适当比例的粗集料、细集料、少量填料（也可不加填料）与沥青拌和而成，通过马歇尔标准击实成型试件得出空隙率在 6%~12%。半开级配沥青稳定碎石混合料适用于三级、四级公路，还适用于交通量中等及以上公路沥青混合料路面的基层、底基层和改建工程的调平层。

四、沥青混合料的主要技术性质

沥青混合料的主要技术性质有高温稳定性、低温抗裂性、抗滑性、耐久性、施工和易性等。我国一般采用马歇尔稳定度试验来评价沥青混合料的高温稳定性。沥青混合料的密度、空隙率、饱和度、油石比、沥青用量对其抗滑性、耐久性、施工和易性都有一定的影响。

五、热拌沥青混合料路面施工准备

1. 热拌沥青混合料拌和场的选址

（1）拌和场的设置必须符合国家有关环境保护、消防、安全等方面的规定。由于拌和设备具有一定的噪声及空气污染，拌和场应远离居民区及村镇，并处于主风向下风口，同时考虑电力装置布设的方便。

（2）拌和场与施工地距离应合适，尽量设在标段的中间位置。拌和场的设置还应充分考虑运输车辆进出方便，同时沥青混合料运输要考虑交通堵塞的可能，确保混合料的温度下降不超过要求，且不致因颠簸造成混合料离析。

（3）拌和场应具有完备的排水设施。各种集料必须分隔储存，细集料应设防雨顶棚，料场及场内道路应进行硬化处理，严禁泥土污染集料。

2. 热拌沥青混合料拌和设备的选择

制作沥青混合料可采用间歇式拌和机或连续式拌和机。连续式拌和机拌和质量较差，所得沥青混合料质量不稳定。所以，热拌沥青混合料的拌和一般采用间歇式沥青拌和机。

间歇式拌和机应符合下列要求。

（1）应根据工程量和工期，选择与生产能力匹配的拌和机。拌和机除尘设备应完好，能达到环保要求。沥青混合料拌和机的各种传感器必须定期检定，每年不少于一次。冷料供料装置需经标定得出集料供料曲线。

（2）冷料仓的数量需满足配合比需要，通常不宜少于6个。冷料仓需具有添加纤维、消石灰等外掺剂的设备。拌和机的矿粉仓应配备振动装置以防止矿粉起拱。添加消石灰、水泥等外掺剂时，宜增加粉料仓，也可用专用管线和螺旋升送器直接加入拌和机，若与矿粉混合使用时应注意防止矿粉与消石灰因密度不同发生离析。

（3）拌和机必须有二级除尘装置，经一级除尘可直接回收使用，经二级除尘可进入回收粉仓使用或废弃。因除尘会造成粉料损失，应补充等量的新矿粉。

（4）间歇式拌和机的振动筛规格应与矿料规格相匹配，最大筛孔宜略大于混合料的最大粒径,其余筛孔的设置应考虑混合料的级配,并尽量使各热料仓供料大体均衡,不同级配混合料配置的振动筛的筛孔大小应不同。

(5) 间隙式拌和机宜配备保温性能好的成品储料仓,储存过程中混合料温降不得大于 10 ℃,且不能有沥青滴漏,普通沥青混合料的储存时间不得超过 72 h,改性沥青混合料的储存时间不宜超过 24 h,SMA 只限当天使用,OGFC 宜随拌随用。

3. 热拌沥青混合料运料车的准备

热拌沥青混合料宜采用较大吨位的运料车运输,运料车每次使用前后必须清扫干净,在车厢板上涂一薄层防止沥青黏结的防黏剂,但不得有余液积聚在车厢底部。

4. 热拌沥青混合料摊铺机的准备

沥青混合料摊铺机是将沥青混合料均匀摊铺在道路基层上,并进行初步振实和整平的机械。它由牵引、摊铺、振实、整平等结构组成,分为履带式和轮胎式两种。履带式一般为大型摊铺机,运行平稳,但机动性较差,大型路面工程施工多采用履带式摊铺机(见图 3-10)。轮胎式(见图 3-11)一般为小型摊铺机,机动性好,运行速度较快,适用于山区道路及路面养护作业。

图 3-10　履带式摊铺机　　　图 3-11　轮胎式摊铺机

5. 热拌沥青混合料压路机的准备

(1) 静作用压路机。静作用压路机的碾压滚轮反复滚动,靠自重产生的静力作用，使被压层产生永久变形，达到压实目的。静作用压路机按照碾压滚轮的结构特点分为光面轮压路机和轮胎压路机。其中，轮胎压路机是一种依靠机械自重，并通过特制的充气轮胎对铺层材料以静力压实作用来增加工作介质密实度的压实机械，被广泛应用于各种材料的基础层、填方及沥青面层的压实作业，尤其是对沥青路面进行压实作业时，其独特的柔性压实功能是其他压实设备无法代替的。所以，轮胎压路机是沥青混合料复压的主要机械。

（2）振动压路机。振动压路机可使被压层同时受到碾压滚轮的静压力和振动力的综合作用，给材料短时间的连续脉冲冲击，使被压层产生永久变形，达到压实目的。

6. 热拌沥青混合料原材料的准备

（1）石油沥青。施工单位应依据设计文件要求使用相应标号的石油沥青。石油沥青必须按品种、标号分开存放。除长期不使用的石油沥青可放在自然温度下存储外，其他情况下石油沥青在储罐中的储存温度不宜低于 130 ℃、不宜高于 170 ℃。桶装石油沥青应直立堆放，加盖苫布。石油沥青在运输、使用及存放过程中应有良好的防水措施，避免雨水或加热管道蒸汽进入沥青。

（2）乳化沥青。乳化沥青适用于热拌沥青混合料路面施工的透层、黏层与封层等。乳化沥青的品种和适用范围应符合相关规定。在高温环境下宜采用黏度较大的乳化沥青，在寒冷环境下宜使用黏度较小的乳化沥青。

（3）改性沥青。改性沥青是由橡胶、树脂、天然沥青等制成的沥青结合料，与沥青或沥青混合料相比，性能更加完善。它具有优异的耐高温性能、耐低温性能及抗疲劳性能，被广泛应用于沥青路面上面层、钢桥面铺装等。将工厂制作的改性沥青（成品）运达施工现场后，应储存于改性沥青罐中。改性沥青罐中必须加设搅拌设备对改性沥青进行搅拌，确保改性沥青在使用前已搅拌均匀。在施工过程中应定期取样检验产品质量,改性沥青出现离析等质量不符要求的现象时不得使用。

(4) 粗集料。沥青层用粗集料包括碎石、破碎砾石、筛选砾石、钢渣、矿渣等,但高速公路和一级公路不得使用筛选砾石和矿渣。粗集料必须由具有生产许可证的采石场生产或由施工单位自行加工。粗集料应洁净、干燥、表面粗糙,并且其质量应符合规定。

(5) 细集料。沥青路面的细集料包括天然砂、机制砂、石屑等。细集料必须由具有生产许可证的采石场、采砂场生产。细集料应洁净、干燥、未风化、无杂质,应有适当的颗粒级配。热拌密级配沥青混合料中天然砂的用量通常不宜超过集料总量的20%,SMA和OGFC不宜使用天然砂。

(6) 填料。沥青混合料的填料必须采用石灰岩或岩浆岩中的强基性岩石等憎水性石料经磨细得到的矿粉,原石料中的泥土等杂质应除净。矿粉应干燥、洁净,并能自由地从矿粉仓流出。拌和机的粉尘可回收并作为矿粉的一部分使用,但每盘用量不得超过填料总量的25%,掺有粉尘的填料的塑性指数不得大于4%。

(7) 纤维稳定剂。为提高混合料稳定性,在沥青混合料中掺加的纤维稳定剂宜选用木质素纤维、矿物纤维等,且相关技术指标应符合规范要求。纤维稳定剂的掺加比例以沥青混合料总量的质量百分率计算,通常情况下用于SMA路面的木质素纤维不宜低于0.3%,矿物纤维不宜低于0.4%,必要时可适当增加纤维用量。纤维掺加量的允许误差不宜超过±5%。

7. 对原材料的质量控制

在沥青混合料的生产过程中,必须按规定的检查项目与频率,对各种原材料进行抽样试验,其质量应符合《公路沥青路面施工技术规范》(JTG F40—2004)的要求。每个检查项目的平行试验次数或一次试验的试样数必须按相关试验规程的规定执行,并以平均值评价是否合格。

8. 热拌沥青混合料配合比的准备

设计高速公路、一级公路沥青混合料的配合比时，应在调查以往相似材料的配合比设计经验和使用效果的基础上，按以下步骤进行。

（1）目标配合比设计阶段。用工程实际使用的材料，优选矿料级配，确定最佳沥青用量，根据配合比设计技术标准和配合比设计检验要求确定目标配合比。

（2）生产配合比设计阶段。对于间歇式拌和机，应按规定方法取样测试各热料仓的材料级配，确定各热料仓的配合比，供拌和机控制室使用。同时选择适宜的筛孔尺寸和安装角度，尽量使各热料仓的供料大体平衡。并进行马歇尔试验和试拌，通过室内试验与拌和机取样试验，综合确定生产配合比。

（3）生产配合比验证阶段。拌和机按生产配合比对原材料进行试拌，将所得混合料铺筑于试验段，取样进行马歇尔试验，同时从路上钻取芯样观察空隙率，由此确定生产用的标准配合比。

（4）确定施工级配允许波动范围。根据标准配合比及《公路沥青路面施工技术规范》（JTG F40—2004）质量管理要求中各筛孔的允许波动范围，制定施工级配允许波动范围，用以检查沥青混合料的生产质量。

经设计和试验确定的标准配合比在施工过程中不得随意变更。在生产过程中应加强跟踪检测，严格控制进场材料的质量，如遇材料发生变化并经检测发现沥青混合料的矿料级配、马歇尔技术指标不符合要求时，应及时调整配合比，使沥青混合料的质量符合要求并保持相对稳定，必要时应重新进行配合比设计。

二级及二级以下公路热拌沥青混合料的配合比设计可按上述步骤进行。当计划选用的路面材料与同类道路所用材料完全相同时，也可直接引用成功的经验。

9. 技术准备

（1）完成施工图样的会审。

（2）完成试验路段各项成果的汇总，编制详细的沥青路面施工技术方案，上报监理工程师并得到审批。

（3）对施工技术人员及机械操作人员进行技术、安全、环保等方面的交底。

六、沥青路面试验路段的铺筑

高速公路和一级公路的沥青路面在正式施工前应先铺筑试验段，其他等级公路在缺乏施工经验或初次使用重大设备时，也应铺筑试验段。试验段的长度应根据试验目的确定，通常宜为 100~200 m。且铺筑宜选在正线上进行。

热拌热铺沥青混合料路面试验段铺筑分试拌及试铺两个阶段，应包括下列试验内容。

1. 通过试拌确定拌和机的操作工艺，考察计算机打印装置的可信度。

2. 验证初定的沥青混合料的设计生产配合比，确定生产用的标准配合比和最佳沥青用量。

3. 检验各种施工机械的类型、数量及组合方式是否匹配。

4. 通过试铺确定摊铺工艺、压实工艺、松铺系数等。

5. 用钻孔法与核子密度仪检测路面密度，确定压实度的标准检测方法。

6. 全面检查试验段的工程质量，判断相关指标能否满足设计及规范要求，以指导后续施工。试验段铺筑应是有关各方共同参加，及时商定有关事项，明确试验结论。铺筑结束后，施工单位应就各项试验内容做出完整的试验路施工、检测报告，并取得业主或监理的批复。

七、热拌沥青混合料路面的施工

热拌沥青混合料路面的施工应遵循如下工艺流程：准备下承层→施工测量放样→拌和→运输及卸料→现场检查→摊铺→碾压成型→处理接缝→开放交通。

1. 准备下承层

作为即将铺筑沥青面层的下承层（基层）需要经过检查验收，检查验收的目的是判定已完成施工的路面结构层是否满足设计文件与施工规范的要求。检查内容包括工程竣工后的外形和质量，具体主要为高程、厚度、宽度、坡度、平整度、压实度、强度等。还要保证施工的基层作业面清洁度符合要求，如果被污染，需要进行清洗方可铺筑沥青混合料。清洗路面如图3-12所示。

图3-12 清洗路面

在面层施工前，沥青路面各类基层都必须喷洒透层油（见图3-13），沥青层必须在透层油完全渗透入基层后方可铺筑。

2. 施工测量放样

（1）道路中线的控制。根据设计文件在施工现场测设道路中线、边线的位置，使其在规范允许范围内。

（2）设计高程的控制。在路面施工中，需要进行准确的高程测量（见图3-14），以保证路面符合各项位置要求。在高程测量时，要求单幅路每隔5~10 m设置1个断面，每个断面设置3个测点测量下承层顶面高程。

图 3-13　喷洒透层油

图 3-14　高程测量

3. 拌和

沥青混合料的生产温度应符合要求。烘干集料的残余含水量不得大于 1%。每天开工时，应提高集料加热温度，并干拌几锅集料废弃，再正式加沥青拌和混合料。

沥青混合料拌和时间应根据具体情况于试拌后确定，要求沥青能均匀裹覆集料。间歇式拌和机每盘的生产周期不宜少于 45 s（其中干拌时间不少于 5~10 s）。改性沥青混合料和 SMA 的拌和时间应适当延长。

生产需添加纤维的沥青混合料时，纤维必须在混合料中充分分散，拌和均匀。拌和机应配备投料装置，松散的絮状纤维可在喷入沥青的同时或稍后采用风送设备喷入拌和锅，拌和时间宜延长 5 s 以上。颗粒纤维可在粗集料投入的同时自动加入，经 5~10 s 的干拌后，再投入矿粉。工程量很小时也可分装成塑料小包或人工量取后直接投入拌和锅。

沥青混合料出厂时应逐车检测沥青混合料的质量和温度，记录出厂时间，签发运料单。

4. 运输及卸料

热拌沥青混合料宜采用较大吨位的运料车运输，但不得超载运输，不得急刹车、急弯掉头，以免给透层、封层造成损伤。运料车的运力应稍有富余，施工过程中摊铺机前方应有运料车等候。对于高速公路、一级公路，以等候的运料车多于 5 辆再开始摊铺为宜。

运料车每次使用前后必须清扫干净，在车厢板上薄薄地涂上一层可防止沥青黏结的隔离剂，注意不得有余液积聚在车厢底部。从拌和机向运料车上装料时，应多次挪动汽车位置，平衡装料，以减少混合料离析。运料车运输混合料宜用苫布覆盖保温、防雨、防污染，如图 3-15 所示。

图 3-15　用苫布覆盖的运料车

运料车进入摊铺现场时，轮胎上不得沾有泥土等可能污染路面的物质，如果有则需在水池洗净轮胎后方可进入施工现场。沥青混合料在摊铺地点凭运料单接收,若混合料不符合施工温度要求,或已结块、已遭雨淋,则不得铺筑。

摊铺过程中运料车应在摊铺机前 100～300 mm 处停住,空挡等候,从摊铺机推动前进开始缓缓卸料,注意避免与摊铺机发生撞击。在有条件时,运料车可将混合料卸入转运车经二次拌和后再向摊铺机连续均匀供料。运料车每次卸料必须卸净,尤其是对改性沥青混合料或 SMA,如有剩余,应及时清除,防止结块。

在 SMA 或 OGFC 的运输过程中,如发现有沥青混合料沿车厢板滴漏,应采取措施避免。

5. 现场检查

观察集料粗细、均匀性、油石比、色泽,以及有无花白料、油团、离析、冒烟等各种现象,逐车检查评定摊铺温度。热拌沥青混合料的施工温度见表 3-8。

表 3-8 热拌沥青混合料的施工温度 ℃

项目		石油沥青的标号			
		50 号	70 号	90 号	110 号
沥青加热温度		160～170	155～165	150～160	145～155
矿料加热温度	间隙式拌和机	矿料加热温度比沥青加热温度高 10～30			
	连续式拌和机	矿料加热温度比沥青加热温度高 5～10			
沥青混合料出料温度		150～170	145～165	140～160	135～155
混合料储料仓储存温度		储料过程中温度降低不超过 10			
混合料废弃温度高于		200	195	190	185
运输到现场时温度不低于		150	145	140	135
混合料摊铺温度不低于	正常施工	140	135	130	125
	低温施工	160	150	140	135

6. 摊铺

热拌沥青混合料应采用沥青摊铺机摊铺,在喷洒有黏层油的路面上铺筑改性沥青混合料或 SMA 时，宜使用履带式摊铺机。摊铺机的受料斗应薄薄地涂刷一层隔离剂。

高速公路、一级公路铺筑沥青混合料时，一台摊铺机的铺筑宽度不宜超过 6 m，通常宜采用两台或多台摊铺机前后错开 10~20 m 以梯队方式同步摊铺，两幅之间应有 30~60 mm 宽的搭接，并躲开车道轮迹带，上层的搭接位置和下层的搭接位置宜错开 200 mm 以上。

摊铺机开工前应提前 0.5~1 h 预热熨平板，使其温度不低于 100 ℃。铺筑过程中应打开熨平板的振捣或夯锤压实装置（具有适宜的振动频率和振幅），这样可提高路面的初始压实度。熨平板加宽连接装置应仔细调节至摊铺的混合料没有明显的离析痕迹。

摊铺机必须缓慢、均匀、连续不间断地摊铺，不得随意变换速度或中途停顿，这样可提高路面平整度，减少混合料的离析。摊铺速度宜控制在 2~6 m/min 的范围内。对改性沥青混合料及 SMA 摊铺速度宜放慢至 1~3 m/min。当发现混合料出现明显的离析、波浪、裂缝、拖痕时，应分析原因，予以消除。

摊铺机应采用自动找平方式，下面层或基层宜采用钢丝绳引导的高程控制方式，上面层宜采用平衡梁或雪橇式摊铺厚度控制方式，中面层可根据情况选用找平方式。直接接触式平衡梁的轮子不得黏附沥青。铺筑改性沥青混合料或 SMA 路面时宜采用非接触式平衡梁。

沥青路面不得在气温 10 ℃ 以下（对于高速公路、一级公路）或 5 ℃ 以下（对于其他等级公路）施工，雨天、路面潮湿的情况下也不得施工。寒冷季节遇大风降温，不能保证迅速压实时不得铺筑沥青混合料。热拌沥青混合料的最低摊铺温度应根据摊铺层厚度、气温、风速及下承层表面温度按规范要求执行，且不得低于表 3-9 的要求。每天在施工开始阶段宜采用较高温度的混合料。

表 3-9　　　　　　　沥青混合料的最低摊铺温度

下承层的表面温度/℃	普通沥青混合料摊铺层厚度			改性沥青混合料或 SMA 摊铺层厚度		
	<50 mm	50~80 mm	>80 mm	<50 mm	50~80 mm	>80 mm
	在不同摊铺层厚度下的最低摊铺温度/℃					
<5	不允许	不允许	140	不允许	不允许	不允许
5~10	不允许	140	135	不允许	不允许	不允许
10~15	145	138	132	165	155	150
15~20	140	135	130	158	150	145
20~25	138	132	128	153	147	143
25~30	132	130	126	147	145	141
>30	130	125	124	145	140	139

沥青混合料的松铺系数应根据混合料类型通过试铺、试压确定。摊铺过程中应随时检查摊铺层厚度、路拱及横坡，并按规定的方法通过使用的混合料总量与摊铺面积校验平均厚度。

摊铺机的螺旋布料器应以稳定的速度均衡地转动，两侧应保持不少于送料器 2/3 高度的混合料，以减少在摊铺过程中混合料的离析。

用机械摊铺的混合料，不宜用人工反复修整。当不得不用人工局部找补或更换混合料时，需仔细进行，特别严重的缺陷应整层铲除。

7. 碾压成型

摊铺了沥青混合料的路面，通过压路机碾压成型，最终可成为优质的沥青路面。由于沥青路面施工对沥青混合料的温度要求较高，这就需要路面施工单位配备足够数量的压路机，并选择合理的碾压步骤，在沥青混合料下降至规范要求的碾压温度之前完成各项碾压工作。压实成型的沥青路面应符合压实度及平整度的要求。

（1）压实层厚度的要求。沥青混合料的压实层厚度一般不宜大于 100 mm，但沥青稳定碎石混合料的压实层厚度不大于 120 mm 即可,且当采用大功率压路机且试验证明能达到压实度时压实层厚度允许增大到 150 mm。

(2) 碾压机械的选择与组合。沥青路面施工应配备足够数量的压路机,选择合理的压路机组合方式和碾压步骤,以达到最佳碾压效果。高速公路铺筑双车道沥青路面时压路机数量不宜少于 5 台。施工气温低、风大、碾压层较薄时,压路机数量应适当增加。

(3) 碾压速度的控制。压路机应以慢而均匀的速度碾压,压路机的碾压速度应符合表 3-10 的规定。压路机的碾压路线及碾压方向不应突然改变而导致混合料推移。

表 3-10　　　　　　压路机碾压速度　　　　　　km/h

压路机类型	初压		复压		终压	
	适宜	最大	适宜	最大	适宜	最大
钢轮压路机	2~3	4	3~5	6	3~6	6
轮胎压路机	2~3	4	3~5	6	4~6	8
振动压路机	2~3(静压或振动)	3(静压或振动)	3~4.5(振动)	5(振动)	3~6(静压)	6(静压)

(4) 碾压温度的控制。压路机的碾压温度应符合表 3-11 的要求,并根据混合料种类、压路机类别、气温、层厚等情况于试压后确定。在不产生严重推移和裂缝的前提下,初压、复压、终压都应尽可能在较高的温度下进行。同时,不得在低温状况下反复碾压,避免磨损石料棱角或者压碎石料,导致破坏集料嵌挤。

表 3-11　　　　热拌沥青混合料的碾压温度　　　　　　℃

项目		石油沥青的标号			
		50 号	70 号	90 号	110 号
开始碾压时,混合料内部温度不低于	正常施工	135	130	125	120
	低温施工	150	145	135	130

续表

项目		石油沥青的标号			
		50号	70号	90号	110号
碾压结束时，路表温度不低于	钢轮压路机	80	70	65	60
	轮胎压路机	85	80	75	70
	振动压路机	75	70	60	55
开放交通时，路表温度不高于		50	50	50	45

（5）碾压作业的要求。热拌沥青混合料的碾压作业分为初压、复压、终压3道工序。

1）初压。初压时压路机应紧跟在摊铺机后碾压，并保持较短的初压区长度，以尽快压实道路表面，减少热量散失。摊铺后初始压实度较大，且实践证明采用振动压路机或轮胎压路机直接碾压无严重推移而有良好效果时，可免去初压直接进入复压工序。

通常宜采用钢轮压路机碾压1~2遍，碾压时应将压路机的驱动轮面向摊铺机，从外侧向中心碾压，在超高路段或者在坡道上应从低处向高处碾压。

初压后应检查平整度、有无路拱等，有严重缺陷时需进行修整甚至返工。

2）复压。复压应紧跟在初压后开始，不得随意停顿。压路机碾压段的总长度应尽量缩短，通常不超过60 m。采用不同型号的压路机组合碾压时宜安排每一台压路机做全幅碾压，防止道路面层不同部位的压实度不同。

密级配沥青混合料的复压宜优先采用重型轮胎压路机进行搓揉碾压，以增加路面密水性。重型轮胎压路机的总质量不宜小于25 t，吨位不足时宜添加重物，使每个轮胎承受的压力不小于15 kN。冷态时轮胎气压应不小于0.55 MPa，发热后轮胎气压应不小于0.6 MPa，且各个轮胎的气压应大体相同。相邻碾压带应重叠1/3~1/2的碾压轮宽度，碾压至要求的压实度为止。

对以粗集料为主的较大粒径的混合料，尤其是大粒径沥青稳定碎石基层，宜优先选用振动压路机复压。厚度小于 30 mm 的薄沥青层不宜选用振动压路机碾压。振动压路机的振动频率宜为 35~50 Hz，振幅宜为 0.3~0.8 mm。层厚较大时，应选用高频率、大振幅压路机，以产生较大的激振力；厚度较薄时应采用高频率、低振幅压路机，以防止集料破碎。相邻碾压带重叠宽度为 100~200 mm。振动压路机折返时应先停止振动。

对路面边缘、港湾式停车带等大型压路机难以碾压的部位，宜采用小型振动压路机或振动夯板补充碾压。

3）终压。终压应紧接在复压后进行，如复压后已无明显轮迹，可免去终压。

（6）SMA 路面的压实要求

1）除沥青用量较低、试验证明采用轮胎压路机碾压有良好效果外，不宜采用轮胎压路机碾压，以防将沥青混合料搓揉挤压上浮。

2）SMA 路面宜采用振动压路机或钢轮压路机碾压。振动压路机应遵循"紧跟、高频、低幅、慢压"的原则，紧跟在摊铺机后面，采取高频率、低振幅的方式慢速碾压。如发现对 SMA 进行高温碾压时有推拥现象，应复查其材料级配是否合适。

（7）沥青路面压实注意事项

1）碾压轮在碾压过程中应保持清洁，有混合料沾轮应立即清除。对钢轮可涂刷隔离剂，但严禁刷柴油。当采用向碾压轮喷水的方式时，必须严格控制喷水量且喷水须成雾状，不得漫流，以防混合料降温过快。轮胎压路机开始碾压阶段，可适当烘烤、涂刷少量隔离剂，也可少量喷水，并先到高温区碾压使轮胎尽快升温，之后停止洒水。轮胎压路机轮胎外围宜加设围裙保温。

2）压路机不得在未碾压成型路段上转向、掉头、加水或停留。

在当天成型的路面,不得停放各种机械设备或车辆,不得散落矿料、油料等杂物。

8. 处理接缝

在沥青路面的施工过程中,会产生各种横缝、纵缝等施工缝,如果施工环节不重视接缝处理技术,会出现连接不平顺、碾压不密实的问题,从而造成沥青路面平整度不良以及裂缝、松散等病害的出现。因此,沥青路面的施工必须接缝紧密、连接平顺,不得产生明显的接缝离析。相邻两幅及上下层的横缝均应错位 1 m 以上。接缝施工应用 3 m 直尺检查,确保平整度符合要求。

(1) 纵缝的施工要求

1) 摊铺时梯队作业的纵缝应采用热接缝,将已铺部分留下 100~200 mm 宽暂不碾压,作为后续部分的基准面,然后做跨缝碾压以消除缝迹。

2) 当半幅施工或因特殊原因而产生了纵向冷接缝时,宜加设挡板或加设切刀切齐,也可在混合料完全冷却前用镐刨除边缘多余部分,但不宜在冷却后采用切割机纵向切缝。加铺另半幅前应涂洒少量沥青,重叠在已铺层上 50~100 mm,然后铲走铺在前半幅上面的混合料,碾压时由边缘向中间碾压(中间留下 100~150 mm),最后跨缝挤紧压实。

(2) 横缝(见图 3-16)的施工要求

1) 高速公路和一级公路的面层横缝应采用与路中线垂直的平接缝,以下各层可采用自然碾压的斜接缝,沥青层较厚时也可采用阶梯形接缝。沥青混合料路面横向接缝的几种形式如图 3-17 所示。其他等级公路的各层均可采用斜接缝。

2) 斜接缝的搭接长度与层厚有关,宜为 0.4~0.8 m。应在搭接处洒少量黏层沥青,混合料中的粗集料颗粒应予以剔除,并补上细料,确保搭接平整,充分压实。阶梯形接缝的台阶是经铣刨而成的,搭接处应洒黏层沥青，搭接长度不宜小于 3 m。

图 3-16 横缝

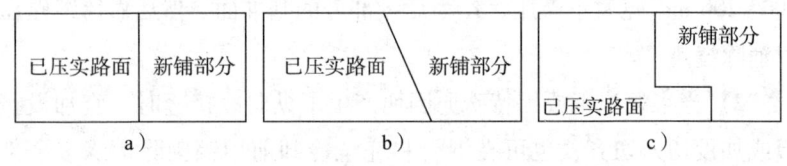

图 3-17 沥青混合料路面横向接缝的几种形式
a) 平接缝 b) 斜接缝 c) 阶梯形接缝

3) 平接缝宜趁沥青路面未冷透时用凿岩机或用人工垂直刨除端部层厚不足的部分，使平接缝与路中线成直角连接。当采用切割机制作平接缝时，宜在铺设当天混合料冷却但尚未硬化时进行。刨除或切割不得损伤下层路面，切割时产生的泥水必须冲洗干净，干燥后涂刷黏层油。铺筑新混合料接缝应使搭接处软化，用压路机先进行横向碾压，再进行纵向碾压，使路面成为一体，充分压实，连接平顺。

9. 开放交通

热拌沥青混合料路面应待摊铺层完全自然冷却，混合料表面温度低于 50 ℃后，方可开放交通。需提前开放交通时，可洒水冷却降低路面温度。

模块 5　水泥混凝土路面面层施工基本技能

一、水泥混凝土路面概述

1. 水泥混凝土路面分类

水泥混凝土路面是指以水泥混凝土为主要材料做成的路面，又称刚性路面。水泥混凝土路面包括普通水泥混凝土路面、碾压混凝土路面、钢纤维混凝土路面、钢筋混凝土路面、连续配筋混凝土路面、装配式混凝土路面等。

（1）普通水泥混凝土路面。普通水泥混凝土路面是指除接缝区和局部范围（边缘和角隅）外不配置钢筋的混凝土路面。

（2）碾压混凝土路面。碾压混凝土路面是利用水泥混合料进行路面摊铺、碾压施工的一种水泥混凝土路面。它与普通水泥混凝土路面所用材料基本相同，均为水、水泥、砂、碎石（或砾石）及外掺剂，不同之处是碾压混凝土路面所用材料为用水量很少的特干硬性混凝土，比普通水泥混凝土路面节约水泥 10%～30%，且施工速度快，养护时间短，具有很好的社会经济效益。

（3）钢纤维混凝土路面。钢纤维混凝土路面是指在混凝土中掺入低碳钢、不锈钢或玻璃钢等纤维所成的一种均匀而多向配筋的混凝土。与普通混凝土路面相比，该种路面的板厚在同等条件下相对较薄，且使用寿命长，养护费用少，特别是作为旧混凝土路面的罩面尤为适宜，所以钢纤维混凝土被认为是一种新型路面材料，具有广泛的发展前景。

（4）钢筋混凝土路面。钢筋混凝土路面是板内配置有纵横向钢筋（或钢丝）网的混凝土路面。钢筋网的设置可以控制裂缝的张开量,把开裂的板拉在一起,使板依靠断裂面上集料的嵌锁作用而保证路面结构强度。

(5) 连续配筋混凝土路面。连续配筋混凝土路面一般不设横缝(施工缝和特定情况下必设的胀缝除外),会在板内配置大量纵向钢筋,适用于高速公路、一级公路和机场混凝土路面。

(6) 装配式混凝土路面。装配式混凝土路面是把在工厂中预制成的水泥混凝土板运至工地现场装配而成的。水泥混凝土板可以全年生产,不受气候的影响,而且预制水泥混凝土板时混凝土质量也容易得到保证。采用水泥混凝土板铺筑道路,施工进度快,铺筑完毕即可通车,损坏后还易于拆换修理。因此,装配式混凝土路面适用于城市道路、厂矿道路、大型基建场地、停车场、软弱路基等。

2. 水泥混凝土路面特点

(1) 水泥混凝土路面优点

1) 具有较高的抗压、抗弯、抗拉强度及抗磨耗能力,因而耐久性好。

2) 水泥混凝土路面色泽鲜明,属于对夜间行车有利的"白色路面"。

3) 抗滑性能好,粗糙度高,能保证车辆有较高的安全行驶速度,提高车辆行驶的稳定性。

4) 养护费用少,经济效益高。

5) 耐久性好,一般能使用 20~40 年,能通行包括履带式车辆在内的各种运输工具。

6) 稳定性好,受到水、温度等自然因素影响时,强度变化小,不存在"老化"现象。

(2) 水泥混凝土路面缺点

1) 开放交通较迟,水泥混凝土路面在铺筑完成后一般要经过 14~21 d 的养护,才能开放交通。如需提前开放交通,施工时需要采取特殊措施。

2) 水泥和水的使用量大，不利于在水泥供应不足和缺水地区推广使用。

3) 路面有接缝，接缝增加了施工和养护的复杂性，影响行车的舒适性。同时，接缝处板边和板角处容易被损坏。

4) 修复困难，水泥混凝土路面强度高，维修工作量和难度较大，还会影响交通。

5) 水泥混凝土路面刚度大，减振效果差，导致行车产生的噪声较大。

6) 施工期一次性投入较大。

3. 水泥混凝土板

(1) 形状和尺寸。水泥混凝土板一般采用矩形。板宽按路面宽度和车道宽度确定，一般在 3.0~4.5 m 范围内；板长按面层类型和厚度确定。

1) 普通水泥混凝土板一般长 4~6 m，在昼夜气温变化较大的地区，或地基水文情况不良路段，应取低限值，反之取高限值。面层板的长宽比不宜超过 1.3，面积不宜大于 25 m^2。

2) 碾压水泥混凝土或钢纤维水泥混凝土面板长度一般为 6~10 m。

3) 钢筋水泥混凝土面板长度一般为 6~15 m。

(2) 厚度。水泥混凝土面板的最小厚度应按交通性质的不同在 200~260 mm 参考范围内确定。

(3) 表面构造。为提高路面粗糙度，防止汽车车轮打滑，保证行车安全，应采用刻槽、压槽、拉槽或拉毛等方法制作路面表面构造。

4. 水泥混凝土路面的接缝

(1) 纵缝。纵缝应与路中线平行，包括纵向施工缝和纵向缩缝。

1) 纵向施工缝。水泥混凝土路面一次铺筑宽度小于路面宽度时，需设置纵向施工缝。

2）纵向缩缝。水泥混凝土路面一次铺筑宽度大于4.5 m时，需设置纵向缩缝。

（2）横缝。横缝是垂直于行车方向的接缝，纵缝与横缝一般相互垂直。横缝包括横向施工缝、横向缩缝、横向胀缝。

1）横向施工缝。每日施工终了或浇筑因故中断时，可设置横向施工缝，不过原则上尽可能少设，如需设置则设在横向缩缝或横向胀缝处。

2）横向缩缝。横向缩缝通常垂直于路中线方向等间距布置，间距一般为4~6 m，且板块的宽长比控制在1∶3之内较合理。另外，基层刚度越大，间距应越短。横向缩缝顶部应锯切口，深度为面层厚度的1/5~1/4，宽度为3~8 mm，槽内塞填缝料。

3）横向胀缝。在临近桥梁或其他构筑物处、与沥青路面相接处、板厚改变处等位置，应设置横向胀缝。

5. 水泥混凝土路面特殊部位配筋

当水泥混凝土路面纵向、横向自由边缘下的基础有可能产生较大塑性变形时，应在其自由边缘和角隅处设置下述补强钢筋。

（1）边缘钢筋。选用2根直径为12~16 mm的螺纹钢筋，距底面30~50 mm，间距为100 mm，钢筋两端向上弯起。

（2）角隅钢筋。承受特重交通的胀缝、施工缝和自由边的面层角隅及锐角面层角隅，宜配置角隅钢筋。通常选用2根直径为12~16 mm的螺纹钢筋，弯成一定的形状后置于面层中偏上位置，距顶面不小于50 mm，距边缘为100 mm。

二、水泥混凝土路面施工准备

1. 施工机械选择

根据公路等级的不同，混凝土路面的施工宜符合表3-12规定的机械设备要求。

表 3-12　　　　与公路等级相适应的机械设备

机械设备名称	高速公路	一级公路	二级公路	三级公路	四级公路
滑模摊铺机	√	√	√	▲	○
轨道摊铺机	▲	√	√	√	○
三辊轴机组	○	▲	√	√	√
小型机具	×	○	▲	√	√
碾压混凝土机械	×	○	√	√	▲
计算机自动控制强制拌和楼（站）	√	√	√	▲	○
非计算机控制强制拌和楼（站）	×	○	√	√	√

注：√表示"应使用"，▲表示"有条件使用"，○表示"不宜使用"，×表示"不得使用"。

2. 拌和场设置

（1）拌和场的面积应与施工规模相适应，场地不宜太小。

（2）拌和场宜设置在铺筑路段的中间位置，应远离居民区，其位置的选择应符合国家有关环境保护、消防、安全等规定。

（3）拌和场应设置在空旷、干燥、运输条件良好的地方，场地要预先用宕渣处理平整。

（4）拌和场的设置应综合考虑并配置足够的仪器设备，要节约土地，还要有利于施工与交通。

（5）拌和场应有可靠的电力供应，条件允许时，可配一个大型发电机，以备不时之需。

3. 原材料选择

对各种材料的技术要求应符合《公路水泥混凝土路面施工技术细则》（JTG/T F30—2014）的规定。

(1) 水泥

1) 根据道路情况选择不同品种的水泥。特重、重交通路面宜采用旋窑道路硅酸盐水泥、旋窑硅酸盐水泥或普通硅酸盐水泥,中、轻交通的路面可采用矿渣硅酸盐水泥,低温天气施工或有快通要求的路段可采用 R 型（早强型）水泥,其他宜采用普通型水泥。

2) 机械化铺筑时,宜采用散装水泥。夏季水泥出厂温度:南方不宜高于 65 ℃,北方不宜高于 55 ℃。混凝土拌和时的水泥温度:南方不宜高于 60 ℃,北方不宜高于 50 ℃,且不宜低于 10 ℃。

3) 储存与检测。工地所用散装水泥应使用水泥罐储存。当水泥储存时间过长时,应取样检测储存水泥的各项性能,确认合格后方可使用。

4) 在同一路段上铺筑水泥混凝土面层时,不应使用两种或两种以上牌号的水泥。

(2) 粗集料

1) 种类和技术要求。应使用质地坚硬、耐久、洁净、粒径大于 4.75 mm 的碎石,技术指标应不低于 Ⅱ 级的要求。

2) 级配要求。不得使用不分级的统料,应按最大公称粒径的不同采用 2～4 个粒级的集料进行掺配。粗集料粒级分为 4.75～9.5 mm、9.5～16 mm、9.5～19 mm、16～26.5 mm、19～26.5 mm、16～31.5 mm 六种。碎石最大公称粒径不应大于 31.5 mm,碎石中粒径小于 0.075 mm 的石粉含量不宜大于 1%。

(3) 细集料。水泥混凝土混合料中的细集料（粒径<4.75 mm）宜选用质地坚硬、耐久、洁净的天然砂、机制砂和混合砂,技术指标应不低于 Ⅱ 级的要求。特重、重交通混凝土路面宜使用河砂,砂中硅含量应不低于 25%。路面和桥面用天然砂宜为中砂,也可使用细度模数在 2.0～3.5 之间的砂。同一配合比用砂的细度模数变化范围不应超过 0.3,否则,应分别堆放,并调整配合比中的砂率后再

使用。

(4) 拌和与养护用水。水应洁净，不含有害物质。饮用水可直接作为混凝土拌和与养护用水。对水质有疑问时，应检测下列指标。

1) 硫酸盐含量（按 SO_4^{2-} 计）小于 0.002 7 mg/mm³。

2) 含盐量不得超过 0.005 mg/mm³。

3) pH 值不得小于 4。

4) 不得含有油污、泥和其他有害杂质。

(5) 粉煤灰及其他掺合料。应掺用质量指标符合规定的电收尘 Ⅰ、Ⅱ 级干排或磨细粉煤灰，不得使用 Ⅲ 级粉煤灰，粉煤灰宜采用散装灰。

(6) 外加剂。使用引气剂、减水剂、阻锈剂、缓凝剂、抗渗剂等外加剂时要保证供应材料性能的稳定，不应中途更换供货商和品种型号。

(7) 钢筋。各交通等级混凝土路面、桥面和搭板所用钢筋应顺直，不得有裂纹、断伤、刻痕、表面油污和锈蚀。传力杆钢筋加工时应锯断，不得挤压切断，断口应光圆（用砂轮打磨掉毛刺，并加工成 2~3 mm 圆倒角）。

(8) 接缝材料

1) 胀缝板。高速公路、一级公路宜采用塑胶、橡胶泡沫板或沥青纤维板，其他公路可采用各种胀缝板。

2) 填缝料。填缝料有常温施工式和加热施工式两种，常温施工式填缝料主要有聚氨酯类、硅树酯类、氯丁橡胶类、沥青橡胶类等；加热施工式填缝料主要有沥青玛蹄脂类、聚氯乙烯胶泥类、改性沥青类等。

3) 背衬垫条。填缝时应使用背衬垫条控制填缝形状系数。背衬垫条应具有良好的弹性、柔韧性，且高温不软化、耐酸碱腐蚀、不吸水。背衬垫条材料有聚氨酯、橡胶或微孔泡沫塑料等，其形状应为圆柱形,直径应比接缝宽度大 2~5 mm。

(9)养护剂。养护剂是采用石蜡、适宜高分子聚合物与适量稳定剂、增白剂用胶体磨磨制而成的水乳液,有面层防护作用。

4. 原材料的储存和供应

(1)水泥、粉煤灰储存和供应要求

1)每个水泥混凝土拌和楼应至少配备 2 个水泥罐仓,如掺粉煤灰还应至少配备 1 个粉煤灰罐仓。

2)应确保施工期间的水泥和粉煤灰供应。

(2)砂石料储存

1)施工前,宜储存可供正常施工 10~15 d 的砂石料。

2)排水应通畅,砂石料堆放场(见图 3-18)的地面应浇筑水泥混凝土进行硬化处理。

3)砂石料堆放场内可架设天篷,也可对砂石料进行覆盖处理,覆盖砂石料数量不宜少于正常施工一周的用量。

4)不同规格的砂石料之间应有隔离设施,并设标识牌,严禁混杂堆放。

图 3-18 砂石料堆放场

5. 水泥混凝土的配合比设计

(1) 设计程序、方法按照《公路水泥混凝土路面施工技术细则》(JTG/T F30—2014) 要求进行。

(2) 应根据施工条件的不同(气温、施工机械、坍落度变化等),进行多组配合比设计。

(3) 水泥用量应按"弯拉强度""工作性""耐久性""经济性"四项技术经济要求选定。在满足"弯拉强度""工作性""耐久性"三项技术要求的前提下,单位质量混凝土以水泥用量最小为经济性评价标准。当采用强度等级为 42.5 MPa 的水泥时,水泥用量为 $360 \sim 400 \ \text{kg/m}^3$。

(4) 应针对减水剂品种和施工时的气温条件,按《公路水泥混凝土路面施工技术细则》(JTG/T F30—2014) 选择坍落度。应测定坍落度随时间延长的损失变化规律,以指导路面混凝土的摊铺施工。

三、水泥混凝土路面施工技术

1. 水泥混凝土的拌和

(1) 每座拌和楼在投入生产前,必须进行标定和试拌。在标定有效期满或拌和楼搬迁安装后,均应重新标定。

(2) 正常情况下,施工中应每 15 d 校验一次拌和楼计量准确度。拌和楼配料计量偏差不得超过表 3-13 的规定;超过时,应分析原因,排除故障,以确保拌和计量精确度。

表 3-13　　拌和楼的水泥混凝土拌和计量允许偏差　　　　　%

材料名称	水泥	掺合料	砂	粗集料	水	外加剂
每盘允许偏差	±1	±1	±2	±2	±1	±1
每车允许偏差	±1	±1	±2	±2	±1	±1

(3) 应使用自动配料机生产,并按需要打印每天(周、旬、月)对应路面摊铺桩号的混凝土配料统计资料及偏差。

(4) 应根据拌合物的黏聚性、匀质性及强度稳定性于试拌后确定最佳拌和时间。一般情况下,单立轴式搅拌机的总拌和时间宜为 80~120 s,净拌和时间(全部材料加齐后)不宜短于 40 s;行星立轴式和双卧轴式搅拌机的总拌和时间为 60~90 s,净拌和时间不宜短于 35 s;连续双卧轴式搅拌机的总拌和时间不应超过高限值(参照设备说明书)的两倍,净拌和时间不宜短于 40 s。

(5) 混凝土拌合物出料温度宜控制在 10~35 ℃。

(6) 混凝土拌合物应均匀一致,有生料、干料、离析、成团现象的非匀质拌合物严禁用于路面摊铺。一座拌和楼的每盘之间,各拌和楼之间,拌合物的坍落度最大允许偏差为 ±10 mm。

2. 水泥混凝土的运输

水泥混凝土宜采用自卸车运输,当运距较远时宜采用搅拌车运输。混凝土从搅拌机出料后,运至铺筑地点进行摊铺、振捣、收面,直至铺筑完毕的容许最长时间,由试验室根据水泥初凝时间及施工气温确定,并应符合表 3-14 的规定。装运混凝土的容器不能漏浆,而且应可防止离析。出料及铺筑时的卸料高度,不应超过 1.5 m。

表 3-14　混凝土拌合物从搅拌机出料至铺筑完毕的允许最长时间

施工气温/℃	到运输完毕允许最长时间/h		到铺筑完毕允许最长时间/h	
	滑模摊铺机	三辊轴机组、小型机具	滑模摊铺机	三辊轴机组、小型机具
5~9	2.0	1.5	2.5	2.0
10~19	1.5	1.0	2.0	1.5
20~29	1.0	0.75	1.5	1.25
30~35	0.75	0.5	1.25	1.0

注:施工气温指的是施工期间的日平均气温;使用缓凝剂延长凝结时间后,本表涉及时间的相关数值可增加 0.25~0.5。

3. 水泥混凝土的铺筑

（1）滑模摊铺机铺筑

1）主要设备

①滑模摊铺机（见图 3-19）的基本技术参数见表 3-15。高速公路、一级公路施工，宜选配能一次摊铺 2~3 个车道宽度的滑模摊铺机；二级及二级以下公路路面的最小摊铺宽度不得小于单车道设计宽度。

图 3-19　滑模摊铺机

②布料机械。在滑模摊铺机摊铺路面时，可配备 1 台挖掘机或装载机辅助布料。

③抗滑构造施工机械。

④切缝机械。

表 3-15　　　　滑模摊铺机的基本技术参数

项目	发动机最小功率/kW	摊铺宽度/m	摊铺厚度/mm	摊铺速度/(m/min)	空驶速度/(m/min)	行走速度/(m/min)	履带数/个
三车道滑模摊铺机	200	12.5~16.0	0~500	0.75~3.0	0~5	0~15	4
双车道滑模摊铺机	150	3.6~9.7	0~500	0.75~3.0	0~5	0~18	2~4

续表

项目	发动机最小功率/kW	摊铺宽度/m	摊铺厚度/mm	摊铺速度/(m/min)	空驶速度/(m/min)	行走速度/(m/min)	履带数/个
多功能单车道滑模摊铺机	70	2.5~6.0	0~400	0.75~3.0	0~9	0~15	2~4
小型路缘石滑模摊铺机	60	0.5~2.5	≤450	0.75~2.0	0~9	0~10	2~3

2)施工工艺。滑模摊铺混凝土路面施工工艺如下。

①准备下承层。在浇筑混凝土面层前,应清除基层表面的浮土等杂物,进行整修。

对基层的各项指标进行检查,确保符合有关规范和标准的要求。

恢复中线测量,进行水平测量并设桩。

②设置基准线。基准线桩的纵向间距,直线路段不大于10 m,竖、平曲线路段应视曲线半径大小加密布置,宜为5~10 m,最小2.5 m。

单根基准线的最大长度不宜大于450 m。

基层顶面到夹线臂的高度宜为450~750 mm,基准线桩夹线臂夹口到桩的水平距离宜为300 mm,基准线桩应钉牢固。

采用直径2.0 mm的钢绞线时,基准线拉力不应小于1 000 N;采用直径3.0 mm的钢绞线时,基准线拉力不宜小于2 000 N。

基准线的设置精确度要符合要求,严禁扰动、碰撞和振动。

③钢筋安装。接缝钢筋、边缘及角隅补强钢筋的设置,详见本单元模块5的概述部分和施工准备部分。

④混凝土布料。滑模摊铺机前的正常料位高度应在螺旋布料器叶片最高点以下。卸料、布料应与摊铺速度相协调。

当坍落度在10~30 mm时,布料松铺系数应控制在1.08~1.15之间。布料机与滑模摊铺机之间施工距离宜控制在 5~10 m。

摊铺钢筋混凝土面层、桥面或搭板时，严禁任何机械开上钢筋网。

⑤滑模摊铺。振捣棒应均匀排列，间距宜为 300~450 mm。混凝土摊铺厚度较大时，应采用较小的振捣棒间距。两侧最边缘振捣棒与摊铺边缘距离不宜大于 200 mm。振捣棒下缘位置应位于挤压底板最低点以上。

挤压板前倾角宜设置为 3°，提浆夯板位置宜在挤压底板前缘以下 5~10 mm。

边缘超铺高度应根据拌合物稠度确定，宜为 3~8 mm。板较厚、坍落度较小时，边缘超铺高度宜采用较小值。

搓平板前沿宜调整到与挤压底板后沿高程相同的位置，搓平梁的后沿应比挤压底板后沿低 1~2 mm，并与路面高程相同。

⑥抗滑构造制作。极重、特重和重交通荷载等级公路水泥混凝土面层应采用刻槽法制作宏观抗滑构造；中、轻交通荷载等级公路水泥混凝土面层可使用拉槽法制作宏观抗滑构造。

⑦养护。高速公路、一级公路混凝土面层宜采用养护剂加覆膜养护。现场养护用水充足的情况下，可采用节水保湿养护膜、土工毡、土工布等养护，并及时洒水保湿养护。在缺水条件下，宜覆盖节水保湿养护膜养护，并应洒透第一遍养护水。

实测水泥混凝土强度大于设计强度的 80% 后，可停止养护。不同气温条件下混凝土面层的最短养护期不同。养护期间日平均气温为 5~9 ℃，最短养护期为 21 d；养护期间日平均气温为 10~19 ℃，最短养护期为 14 d；养护期间日平均气温为 20~29 ℃，最短养护期为 10 d；养护期间日平均气温为 30~35 ℃，最短养护期为 7 d。

应特别注重前 7 d 的保湿（温）养护。混凝土强度达到设计强度的 40% 后，行人方可通行；达到 100% 后，方可开放交通。

⑧切缝。横向缩缝、施工缝上部槽口的切缝,切缝方式有全部硬切缝、软硬结合切缝和全部软切缝三种。选用切缝方式,应根据施工期间该地区路面摊铺完毕到切缝时的昼夜温差确定。纵向缩缝的切缝可采用全部硬切缝。纵向、横向缩缝宜同时切缝。

⑨灌缝。灌缝前应清洁接缝,宜采用清缝机清除接缝中夹杂的砂石、凝结的泥浆等杂物。灌缝前缝内应清洁、干燥,以擦不出水、泥浆或灰尘为可灌缝标准。

灌缝时,先按设计嵌入直径9~12 mm的多孔泡沫塑料背衬条或橡胶条。多组分常温填缝料时,应准确按比例将几种原材料拌和均匀后再灌缝,注意灌缝时长不应超过规定的操作时长。使用热石油沥青、改性沥青或橡胶沥青灌缝时,应加热熔化至易于灌缝的状态,搅拌均匀,并保温灌缝。

灌缝应饱满、均匀、厚度一致并连续。高温期灌缝时,顶面应刮齐平;一般气温时,应刮为凹液面形,中心宜低于板面3 mm。

常温施工式灌缝料的养护期,低温期宜为24 h,高温期宜为10 h。加热施工式灌缝料的养护期,低温期宜为2 h,高温期宜为6 h。在灌缝料固化期间应封闭交通。

(2)三辊轴机组铺筑

1)设备选配

①三辊轴整平机。三辊轴整平机(见图3-20)的作用是有效提高路面的平整度。路面板厚在200 mm以上时,宜采用直径168 mm的辊轴;桥面铺装或路面厚度较小时,可采用直径为219 mm的辊轴。辊轴长度宜比路面宽度多出600~1 200 mm。

②排式振捣机。排式振捣机(见图3-21)具有振实均匀、操作简便、连续作业、生产效率高等优点,且所施工道路密实度高。振捣棒的直径宜为50~100 mm,每次移动距离不应大于其有效工作半径的1.5倍,并不大于500 mm。

图 3-20　三辊轴整平机　　图 3-21　排式振捣机

③振捣梁。振捣梁（见图 3-22）具有快速振捣水泥路面提高路面密实度的优点。当铺层厚度小于 150 mm 时，可采用振捣梁，其频率宜为 50~100 Hz，振捣加速度为 $4g$~$5g$（g 为重力加速度）。

图 3-22　振捣梁

④拉杆插入机。拉杆插入机有自动送料功能和固定间距自动插入功能，使用时需配备插入深度控制装置和拉杆间距调整装置。

2）铺筑方法。水泥混凝土路面三辊轴机组铺筑施工工艺机械化程度适中，设备投入少，技术容易掌握，主要用于中、低等级道路水泥混凝土路面的施工或路面断板、碎板等局部少量板块的翻修改建。三辊轴机组铺筑施工工艺如下。

①下承层（基层）准备。三辊轴机组铺筑时的下承层准备与滑

模摊铺施工要求相同。

②施工放样及模板安装。测量前在基层上应进行模板安装及摊铺位置测量放样,每 20 m 设中心桩,每 100 m 设临时水准点,核对路面高程、面板分块、胀缝和构筑物位置。

模板安装应稳固、紧密、顺直、平整、无扭曲,不得有底部漏浆、前后错茬、高低错台等现象。模板应能承受摊铺、振实,且在整平设备负载行进、冲击和振动时不会发生位移。严禁在基层上挖槽,或嵌入安装模板。

安装精度应符合表 3-16 的规定。

表 3-16　　　　　模板(加工矫正)允许偏差

施工方式	高度偏差/mm	局部变形/mm	垂直边夹角/°	顶面平整度/mm	侧面平整度/mm	纵向变形/mm
三辊轴机组	±1	±2	90±2	±1	±2	±2
小型机具	±2	±3	90±3	±2	±3	±3

模板安装检验合格后,与混凝土拌合物接触的表面应涂脱模剂或隔离剂,接头应粘贴胶带或塑料薄膜等进行密封。

③钢筋安装、混凝土拌合物搅拌和运输。钢筋安装、混凝土拌合物搅拌和运输,与滑模机械施工相同。

④混凝土布料。卸料应均匀,布料应与摊铺速度相适应。根据铺筑时拌合物的实测坍落度,应按照表 3-17 选定松铺系数,并根据铺筑效果最终确定。弯道横坡与超高路段的松铺系数,高侧宜取表中的高值,低侧宜取其低值。

表 3-17　　　　　不同坍落度时的拌合物松铺系数

铺筑坍落度/mm	10~30	30~50	50~70
拌合物松铺系数	1.2~1.25	1.15~1.20	1.10~1.15

⑤振捣。混凝土拌合物布料长度大于 10 m 时，应开始振捣作业。用排式振捣机振实时，作业速度宜控制在 4 m/min 以内。

⑥拉杆安装。面板振实后，应及时安装纵缝拉杆。

⑦用人工补料。对不平整的地方进行人工补料。

⑧三辊轴整平机整平。用三辊轴整平机按作业单元分段整平，作业单元长度为 10~30 m，施工开始或施工温度较高时，可缩短作业单元长度，不过最短不宜短于 10 m。振捣机振实与三辊轴整平机整平两道工序之间的间隔时间不宜超过 15 min。

用振捣机振实后，料位应高于模板顶面 5~15 mm，局部坑洼不得低于模板顶面。过高时应铲除，过低应及时补料。

在作业单元长度内，三辊轴整平机应采用前进振动、后退静滚方式作业。一般作业 2~3 遍，最佳滚压遍数可根据试铺确定。

振动滚压完成后，先升起振动棍，用甩浆棍抛浆整平一遍，再用整平轴前、后静滚整平，直到平整度符合要求、表面砂浆厚度均匀为止。

路表砂浆的厚度应控制在 4 mm±1 mm。过厚的稀砂浆应及时刮除丢弃，不得用于路面补平。

⑨精平饰面。用三辊轴整平机整平后，应采用 3~5 m 长刮尺，在横、纵两个方向精平饰面，纵向不少于 3 遍，横向不少于 2 遍；也可采用旋转抹面机密实精平饰面 2 遍，直到平整度符合要求。

⑩抗滑构造的制作与处理。抗滑构造的制作、养护、切缝、灌缝，与滑模机械施工相同。

（3）小型机具铺筑。小型机具铺筑可在中、轻交通的低等级水泥混凝土路面铺筑中使用，该技术简单成熟，铺筑方式较便捷。小型机具铺筑时，不需要大型设备，主要靠人工，劳动强度大，所以说是小型机具铺筑属于劳动力密集型水泥混凝土路面铺筑方式。

小型机具铺筑宽度不宜大于 4.5 m，铺筑能力不宜小于 20 m/h。

铺筑施工工艺如下。

1) 摊铺

①实施混凝土拌合物摊铺前，应对模板的架设位置、精度、支撑稳固情况、传力杆、拉杆的安设等进行全面检查，并洒水湿润板底。应全面检测板厚，与设计值相符后方可开始摊铺。

②拌合物的坍落度宜控制在 5~20 mm 之间，松铺系数宜控制在 1.10~1.25。

③卸料应均匀，用人工布料时，应用铁锹反扣，不得抛掷和耙动。

2) 振实。小型机具铺筑时，应依次使用振捣棒、振动板、振动梁振捣密实。

①振捣棒振实。在待振路面上，每条车道应不少于使用 3 根振捣棒（组成横向振捣棒组），沿横断面连续振捣密实，注意路面板底、内部和边角处不得欠振或漏振。振捣时振捣棒应轻插慢提，不得在路面上平推或拖拉振捣。

②振动板振实。每条车道应配备不少于 2 个振动板，每个振动板应有 2 名作业人员提拉振动，不得自由放置或长时间持续振动。振动板移位时，应重叠 100~200 mm，每处振动时间不应少于 15 s。用振动板振动时应纵、横向交错进行 2 遍，不得过振或漏振，应控制振动板板底泛浆厚度为 4 mm±1 mm。

③振动梁振实。每条车道应配备 1 根振动梁，振动梁长度应比路面宽度每侧多出 300~500 mm。振动梁上应安装 2 台附着式振动器，振动器功率不应小于 1.1 kW。振动梁底部应焊接或安装深度 4 mm 的粗集料压入齿。

振动梁的长度达到 10 m 后，可垂直路面中线纵向人工拖动振动梁，在模板顶面往复拖行 2~3 遍，使表面泛浆均匀平整。拖行过程中，振动梁下间隙应及时用混凝土补平，不得用纯砂浆填补；料位高出模板时应人工铲除,直到表面泛浆均匀,路面平整。

3)精平饰面。小型机具应采用滚杠、刮尺或抹面机进行三遍整平,直至面层无任何缺陷,平整度符合要求。

①滚杠整平。每个工作面配备2根滚杠,一根用于施工,另一根浸泡清洗备用。滚杠由直径为100 mm 或 125 mm 的无缝钢管制成。滚杠应支承在模板顶面,人工往返拖滚,拖滚遍数宜为2~3遍,第一遍应短距离缓慢拖滚(或推滚),后面应长距离匀速拖滚,并将水泥浆始终赶到滚杠前方。有间隙要补平,有多余水泥浆要铲除。

②刮尺整平。待混凝土表面泌水基本完成后,用3 m 长刮尺收浆饰面,纵、横各2~3遍,直到表面平整度符合要求,表面砂浆厚度均匀。

③抹面机整平。在抹面机完成作业后,应清边整缝,清除黏浆,修补缺边、掉角。应使用抹刀将抹面机留下的痕迹抹平。精平饰面后的面板表面应无抹面痕迹,致密均匀且平整度达到规定要求。

4)抗滑构造的制作与处理。抗滑构造的制作、养生、切缝、填缝,与滑模机械施工相同。

4. 特殊气候条件下的施工

(1)雨季施工

1)做好防雨器材准备。

2)做好防雨水冲刷准备。

(2)风天施工

1)尽早喷足量养护剂,阻止水分蒸发。

2)尽快覆盖保温保湿膜,阻断水分蒸发。

3)保证平整度的情况下,用机械抹面。

(3)高温季节施工。铺筑现场连续4 h 平均气温高于30 ℃或日间最高气温高于35 ℃,应遵守高温季节的施工规定。

(4)低温季节施工。当摊铺现场连续5个昼夜平均气温低于

5 ℃,夜间最低气温在-3~5 ℃之间,应遵守低温季节的施工规定。

(5)必须停工的情况。混凝土路面施工如遇下述情况之一者,必须停工。

1)现场降雨。

2)风力大于 6 级,风速在 10.8 m/s 以上的强风天气。

3)现场气温高于 40 ℃或拌合物摊铺温度高于 35 ℃。

4)摊铺现场连续 5 个昼夜平均气温低于 5 ℃,夜间最低气温低于-3 ℃。

第4单元 涵洞施工基本技能

模块1 涵洞的基础知识

涵洞指单孔跨径小于 5 m 的构筑物。公路工程上修建涵洞主要是用来横穿路基，供水流通过或供人、畜通行。涵洞是公路工程的重要组成部分。

一、涵洞的分类

1. 按洞身构造形式分类

按洞身的构造形式，涵洞可分为圆管涵、盖板涵、拱涵、箱涵等。常见涵洞适用跨径应符合表4-1的规定。

表 4-1　　　　　　常见涵洞适用跨径　　　　　　　　　m

涵洞类别	适用跨径
钢筋混凝土圆管涵	0.75、1.00、1.25、1.50、2.00
钢筋混凝土盖板涵	1.50、2.00、2.50、3.00、4.00、5.00
拱涵	1.50、2.00、2.50、3.00、4.00、5.00
钢筋混凝土箱涵	1.50、2.00、2.50、3.00、4.00、5.00
钢波纹管涵	1.50、2.00、2.50、3.00、4.00、5.00
倒虹吸管涵	0.75、1.00、1.25、1.50

2. 按洞顶填土高度分类

按洞顶填土高度，涵洞可分为明涵和暗涵。洞顶无填土或填土高度小于 0.5 m 的涵洞称明涵，一般适用于低路堤及浅沟渠处；洞顶填土高度大于或等于 0.5 m 的涵洞称暗涵，适用于高路堤及深沟渠处。

3. 按水力性质分类

按水力性质，涵洞可以分为无压力式涵洞、半压力式涵洞和压力式涵洞三种。

（1）无压力式涵洞。涵洞进口水流的水位低于洞口上缘，在洞身全长范围内水面不接触洞顶，水流在涵洞全部长度上保持自由水面。

（2）半压力式涵洞。涵洞进口被水淹没，洞内水流全部或有一部分保持自由水面，部分洞顶承受水压。

（3）压力式涵洞。涵洞进出口被水淹没，涵洞在全长范围内以全部断面泄水，且全长承受水压。

新建涵洞时应尽量选择修建无压力式涵洞；当涵洞前允许积水时，可选择修建压力式或半压力式涵洞。

4. 按所用建筑材料分类

按所用建筑材料，涵洞可分为砖砌涵、石砌涵、钢筋混凝土涵、波纹管涵等。不同材料涵洞的特点及适用性见表 4-2。

表 4-2　　　　　不同材料涵洞的特点及适用性

涵洞类别	特点	适用性
砖石砌涵	节省钢筋，经久耐用，造价、养护费用低，但跨径小，损坏后修理和养护较困难	在缺乏石料但黏土资源比较丰富的地区一般可考虑砖砌涵以提高耐久性；在石料丰富地区，可选择修建石砌涵等
钢筋混凝土涵	洞身坚固，经久耐用，养护费用少，但造价较高	可用于圆管涵、盖板涵、拱涵、箱涵等

续表

涵洞类别	特点	适用性
波纹管涵	常见的有塑料和钢材两种材质，工厂标准化制造，质量可靠，施工简便，对地基要求较低，结构受力合理，但钢制波纹管涵有时需根据使用环境进行防腐蚀处理	用于冻土、软弱地基等不良地质的暗涵，以及有特殊要求的暗涵，不宜用于陡坡涵

5. 按施工方法分类

按施工方法的不同，涵洞可分为装配式涵、现浇涵、顶进涵三种。

二、涵洞的基本构造

涵洞一般是由基础、洞口、洞身三部分组成的。其中洞口由端墙、翼墙、截水墙、缘石等组成，其主要作用是保证涵洞基础和两侧路基免受冲刷，使水流顺畅。洞身作用是承受活载和土压力，保持必要的孔洞形状。

1. 钢筋混凝土圆管涵基本构造

圆管涵的洞身所用材料通常为钢筋混凝土；洞径的大小可根据排水要求选择；洞身常见分节长度为 1 m，亦可根据设计图样要求或现场实际情况定做；质量应满足相关标准和规范。

钢筋混凝土圆管涵构造简单、受力性能好、施工方便，但过水面积较小，一般单孔布设，多孔时不宜超过 3 孔。

图 4-1 所示为钢筋混凝土圆管涵（端墙式）立体剖切示意图，图中洞身由预制的钢筋混凝土管节对接而成，洞口（包括进水洞口和出水洞口）设有端墙，洞身、洞口下面均为基础，洞口基础前端设有截水墙。

2. 钢筋混凝土盖板涵基本构造

钢筋混凝土盖板涵结构简单，排洪能力较强，多在低路基上使用，当填土高度较小时，可做成明涵形式。

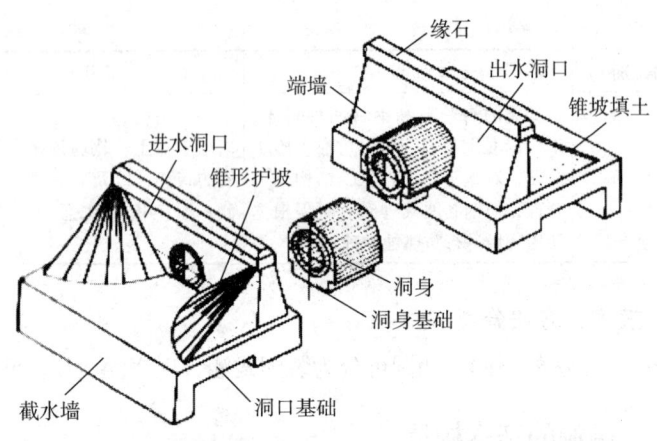

图4-1 钢筋混凝土圆管涵（端墙式）立体剖切示意图

图4-2所示为钢筋混凝土盖板涵立体剖切示意图。图中洞身由洞墙和盖板组成，洞口设有八字翼墙，洞身、洞口下面为基础，洞口基础前端设有截水墙。

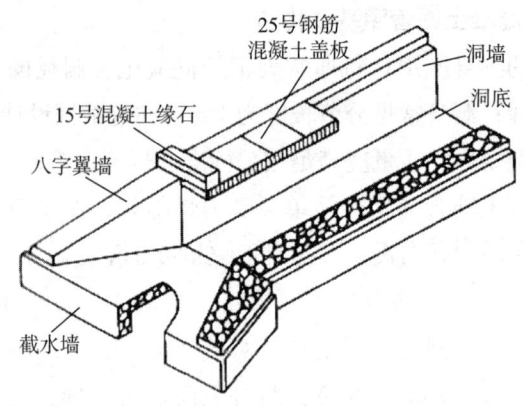

图4-2 钢筋混凝土盖板涵立体剖切示意图

3. 拱涵基本构造

拱涵泄水能力较强，可用石砌或混凝土浇筑。但建筑高度大，施工较复杂，对地基承载力要求较高。一般适用于高填土、地质条件好、有石料来源的地方。

图4-3所示为拱涵立体剖切示意图。图中洞身由洞身管节对接而成，洞身管节由边墙和拱圈组成，洞口设有端墙，洞身及洞口下面为基础，洞口基础前端设有翼墙。

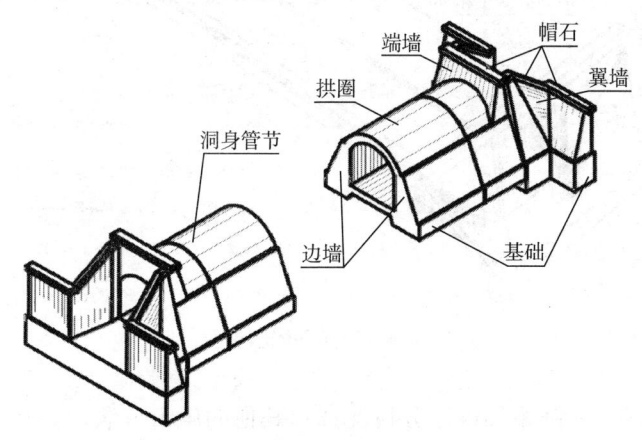

图4-3 拱涵立体剖切示意图

4. 箱涵基本构造

箱涵整体性好，对地基承载力要求较低，因而多适用于软土地基的高等级公路。

图4-4所示为箱涵立体示意图。图中洞身由钢筋混凝土箱体和变形缝组成，洞口设有端墙，顶部设帽石，洞身及洞口下面为混凝土基础，洞口基础前端设有隔水墙。

三、涵洞常见施工方法及主要特点

经过长期的工程实践，在涵洞施工方面已有很多施工方法。目前应用比较广泛的主要有预制装配法和现场浇筑法（可简称为现浇

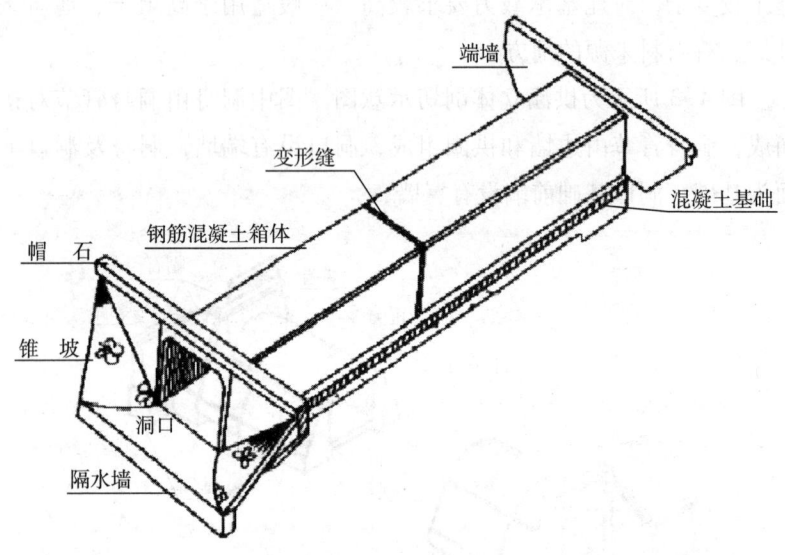

图 4-4 箱涵立体示意图

法）两种，实践中还可以分情况选择其他的施工方法，如在一些山岭重丘区或是石料丰富的地区，可采用传统的砖石砌筑法；在穿越既有线路时，可采用顶管法。涵洞常见施工方法及主要特点见表 4-3。

表 4-3　涵洞常见施工方法及主要特点

施工方法	主要特点
预制装配法	工厂化制作，质量有保障，现场修建时间短，各种涵洞均可采用，以圆管涵最为常见，需起重吊装设备进行辅助施工
现场浇筑法	现场施工管理要求高，结构整体性好，多用于新建道路，除圆管涵外均可采用
砖石砌筑法	工人劳动强度大，多用于石料来源丰富、地基较好的山区拱涵

续表

施工方法	主要特点
顶管法	无须开挖管槽，常用于穿越既有线路或构筑物，多在有一定埋深的城市道路软土地区管涵或箱涵上使用

模块2 钢筋混凝土圆管涵装配式施工基本技能

装配式涵洞对比传统现浇涵洞具有工期短、质量高、外观美、安全可控等优点，且各种涵洞均可使用。近几年，在标准化、工厂化、集约化的公路大背景下，装配式施工有了快速的发展。下面以最为常见的钢筋混凝土圆管涵为例介绍装配式施工的基本技能。

一、构件预制

钢筋混凝土圆管涵构件预制应采用标准化、机械化、工厂化方式进行生产。原材料加工区、钢筋绑扎区、构件预制区、混凝土养护区、构件堆放区、试拼区等生产区间应合理划分配置，充分利用机械的生产性能，做到半自动或自动化生产，使整个构件预制生产过程流水线化，最大程度提高生产工效。

1. 构件分块

合理构件分块是装配式涵洞顺利施工的保证。构件分块应遵循以下原则：根据现场实际可能预制量、运输和起重等条件，确定构件的最大尺寸和质量；构件的划分应满足受力要求，拼装接头应尽量设置在内力较小处；拼装接头要牢固可靠，其数量要少，要能保证施工方便；构件要便于预制、运输和安装；构件的形状和尺寸应力求标准化，增强互换性，构件的种类应尽量减少。

对于钢筋混凝土圆管涵，常见管节长度为 0.5 m、1 m、1.5 m、2 m 四种，管的壁厚通常是管内径的 8%～10%，最大管节质量一般在 2 t 左右。其他类型的涵洞管节最大长度一般不宜超过 6 m，单个构件最大质量一般宜控制在 20 t 以内，以满足吊装要求。

钢筋混凝土圆管涵构造分块示意图如图 4-5 所示。

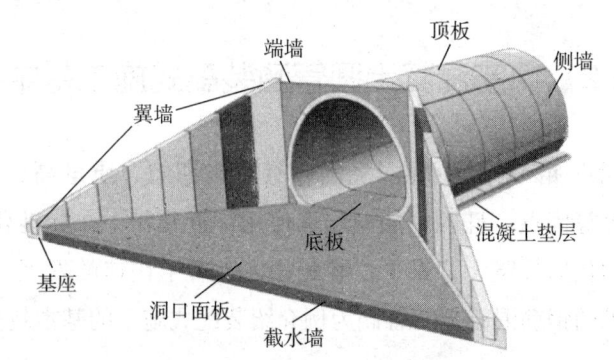

图 4-5　钢筋混凝土圆管涵构造分块示意图

2. 预制场建设

预制场选址时应结合工程建设的自然环境和社会环境、预制构件生产数量、工区分布情况等因素合理确定，尽可能避开城镇、村庄等人口密集区，而且预制场周边道路应能满足原材料及设备进出的需要。

预制场规模和布置应结合预制构件数量、预制工期、养护及存储周期，并综合考虑生产、办公、生活的需求，按照工地建设标准进行规划。

3. 模板工程

涵洞预制构件用模板应采用专门设计的定型组合钢模板，且应有足够的强度、刚度和稳定性，并便于安装和拆卸。

进行模板设计时应结合工程项目中各类型涵洞尺寸规格，充分考虑模板周转使用的通用性和耐久性,以及模板拼装、钢筋安装、混凝土浇筑、模板拆除、整修的便利性。

设计好了模板,在加工制作时,要保证模板的制作精度,必须进行试拼检验,确保各项指标满足规范要求。

为方便模板的使用,宜将铰接缝处的端模板及侧墙底模与底座的连接设计成铰链式连接,接缝处的侧模宜采用整体、可水平移动式组合模板,模板间采用螺栓固定。图4-6为悬辊式制管机,可利用离心法制作钢筋混凝土圆管节。

图4-6 悬辊式制管机

4. 钢筋工程

装配式涵洞构件的钢筋应满足设计及规范要求。使用钢筋前应调直,并将其表面的油渍、锈蚀等杂质清除干净。钢筋应采用数控机具加工,流水作业,防止由于下料及加工的原因导致钢筋尺寸出现超出允许误差、钢筋安放困难等现象。钢筋及半成品应分类集中存放,并采取防雨、防锈的保护措施。

除柱式钢筋笼采用滚焊机(见图4-7)进行加工外,其余钢筋骨架采用绑扎方式加工成型。钢筋绑扎胎架(见图4-8)与地面应连接牢固,防止胎架移位。胎架上刻有定型卡槽,可有效保证钢筋定位精度。根据节段高度设有操作平台和可移动式爬梯,可方便作业人员操作。每节钢筋绑扎成型后,可采用多点钢筋吊装架吊装钢筋骨架入模;如不能及时吊装入模时,则吊装于成品钢筋骨架存放区存放,并配备标识牌,可待满足入模要求后再入模。

钢筋混凝土保护层垫块应采用成品高强砂浆垫块。垫块制作厚度不应出现负误差,正误差应不大于 1 mm。垫块应分散布置,且不宜少于 6 个/m^2,并在构件拐角处适当加密。骨架定位和保护层厚度均要符合设计规定。垫块应安放牢固,混凝土浇筑前应对垫块的位置、数量和紧密程度进行检查,保证垫块在混凝土浇筑和振捣过程中不会发生移位。

图 4-7　滚焊机　　　　　　　图 4-8　钢筋绑扎胎架

5. 混凝土工程

预制构件的混凝土配合比应符合《公路桥涵施工技术规范》(JTG/T 3650—2020) 的规定。混凝土拌合物配料应采用自动计量装置,粗集料、细集料中的含水量应及时测定,并按实际测定值调整用水量和粗集料、细集料用量,禁止拌合物出机后加水。

混凝土拌合物搅拌时间应不小于 2.5 min,以确保其搅拌均匀、颜色一致、没有离析和泌水现象。混凝土拌合物入模时的坍落度应不大于 120 mm。

混凝土宜采用搅拌运输车运输，采用吊斗入模，入模温度宜控制在 5~28 ℃。混凝土应从低处向高处分层浇筑，分层浇筑的厚度不宜超过 150 mm。混凝土的浇筑应连续进行，不得停顿，浇筑时应同步安装封堵构件。

混凝土应振捣密实，宜采用二次振捣工艺。钢筋混凝土圆管涵一般采用离心法或振动台法振捣密实，其他涵洞的复杂构件多采用插入式振捣器配合模板附着式高频振捣器进行振捣。振捣时，插入式振捣器与侧模间距应保持 50~100 mm，插入深度也宜为 50~100 mm，不得漏振和过振。涵洞构件混凝土施工如图 4-9 所示。

图 4-9　涵洞构件混凝土施工

混凝土浇筑完成后，应在其收浆后尽快予以覆盖并洒水保湿养护。有条件的可采用地埋式养护及养护棚架自动喷淋养护，通过设置蓄水池和沉淀池达到自动循环喷淋效果，绿色环保。冬季低温时，推荐进行蒸汽养护。

脱模时预制构件的混凝土强度应符合设计规定，设计未规定时，混凝土的强度应不低于标准值的 80%。脱模或移动构件时，均应防止预制构件棱角和接缝等部位碰撞损伤。预制构件脱模后应及时进行检查验收。

6. 标识与存放

预制构件检验合格后应进行标识，推荐采用二维码信息化标识。预制构件在预制场内移运、存放和吊装时，预制构件自身的混凝土强度应符合设计规定，设计未规定时，应不低于标准值的 90%。预制构件存放应采用 3 点支撑，支撑垫块宜选用枕木、橡胶板等对预制构件无损伤的弹性支撑物，支撑应稳定可靠。预制构件存放层数应符合设计要求。设计无要求时，可采用单层或多层叠放方式存放，叠放不宜超过 3 层。钢筋混凝土装配式涵洞构件成品堆放如图 4-10 所示。

图 4-10　钢筋混凝土装配式涵洞构件成品堆放

制作的首件预制构件必须经过试拼检验，确保产品质量满足拼装要求。

二、安装施工

1. 施工准备

装配式涵洞施工准备工作内容包括：技术准备、测量放样和首件施工认可等。上述准备工作均应经监理单位验收认可后方可进行正式施工。

装配式涵洞施工前,应组织技术人员进行安装技术交底,并根据设计文件进行现场勘查,核对现场位置、坐标和高程,确认安装涵洞的构件型号和节段数量。当设计文件与现场实际情况差别较大需要变更时,应及时办理设计变更手续。

涵洞工程的附近应埋设平面控制点和水准控制点各1个,可与路基工程共用,但直线距离不应超过200 m。施工前,应由施工单位对涵洞平面轴线进行放样,并提交监理单位进行复核,确定开挖边线和开挖深度。

2. 基坑开挖

人工配合挖掘机按照 1∶1.5~1∶1 放坡开挖基坑。涵洞基坑开挖如图 4-11 所示。基坑开挖至距设计标高 20 cm 时,用人工继续开挖至设计标高,并修整。基坑开挖到位后,在基坑底四周开挖边沟并设置集水坑,视

图 4-11 涵洞基坑开挖

渗水量大小用水泵排水。基坑周边应按照标准化要求做好临边防护。基坑开挖好后,应对基坑尺寸、高程、地基承载力进行自检,自检合格后还要及时报监理工程师检验。如地基承载力达不到设计要求,应根据实际情况对基底进行换填或采取其他方式进行处理。

3. 地基处理(基础施工)

涵洞地基应保证具有足够的承载能力,保证地基在承载结构及填土时沉降量不大于 5 mm。对于不满足设计要求的地基,应对地基进行处理。常见的处理方式有砂垫层法和混凝土垫层法。

(1) 砂垫层法。砂垫层法主要在处理软弱地基换填时使用。在结构与地基之间用厚度不小于 0.5 m、透水性好、粒度均匀的优质中

粗沙砾进行分层回填、分层压实。垫层置换沙砾粒径以不大于50 mm为宜，黏粒含量不应大于5%，粉粒含量不应大于25%，压实度应不小于96%，地基处理的范围为单侧宽出基础之外不小于0.5 m。涵洞基础级配碎石垫层如图4-12所示。

图4-12　涵洞基础级配碎石垫层

（2）混凝土垫层法。混凝土垫层法可单独使用（适用于地基土较好的情况），也可与砂垫层法一起使用（适用于地基土较差的情况）。涵洞基础混凝土垫层如图4-13所示，一般采用C20混凝土浇筑，浇筑厚度不小于10 cm，地基处理的范围为单侧宽出基础之外不小于0.3 m。

待垫层施工完成后，应再次进行测量放样，精确确定涵洞平面轴线，确保纵向线形的平顺和构件就位点高程的准确。垫层顶面平整度也应符合设计要求；若设计无要求时，平整度允许偏差应不大于3 mm。

4. 涵洞安装

（1）涵洞安装的总体要求。在涵洞主体拼装前，应清理垫层顶面杂物，设置垫层顶面拼装基准线、起始点，根据分节情况，标明每个涵洞构件的安装位置。应对预制构件尺寸、数量等进行确认，待预制构件的混凝土强度达到设计要求，验收合格后方可安装。

图 4-13　涵洞基础混凝土垫层

预制构件装运时应保证强度满足设计规定，当设计未规定时，应不低于标准值的 90%。吊装作业前，应事先对起重吊装设备设施进行检查，确保设施完好，工作正常。整个吊装过程应设专人指挥，按起重吊装规范流程作业，保障作业安全。吊装过程中，应采取措施保证起重设备的主钩位置、吊具及构件重心在竖直方向上重合，吊索与构件水平夹角应不小于 45°。预制构件在运输过程中应采取必要的固定、缓冲措施，以防损伤。可采用钢丝绳绑扎，各预制构件接触部位采用方木或木板隔离、缓冲，边角可采用包裹措施加强防护，确保预制构件运输的通畅、安全。

（2）不同类型涵洞的安装顺序。钢筋混凝土圆管涵按照安装管节后再处理接缝、做好防水层后及时现浇 U 形涵台的顺序进行。钢筋混凝土圆管涵预制构件安装如图 4-14 所示。

5. 接缝处理，防水层施工

（1）接缝处理。装配式涵洞预制构件拼装接缝处理是保证涵洞质量的关键环节之一。拼装好的管节的接缝不得有间断、裂缝、空鼓和漏水等现象。平接管的接缝宽度不应大于 20 mm，禁止采用加大接缝宽度的方式满足涵洞长度要求。各管节接口应平直，接缝

图 4-14　钢筋混凝土圆管涵预制构件安装

表面应平整，环形间隙应均匀，接缝内部空隙应安装特制的胶圈或采用沥青麻絮等防水材料填塞密实，并用水泥砂浆或环氧树脂水泥砂浆在涵管内部勾浅凹缝，在外部勾平缝进行表面封堵。对于钢筋混凝土圆管涵等过水涵洞还应在接缝外侧先涂刷一层宽度不小于 250 mm、厚度不小于 1.5 mm 的热沥青，然后粘贴宽度不小于 200 mm 的改性沥青防水卷材进行止水，最后再在缝隙外侧设置 C20 混凝土箍圈，箍圈环线接缝浇筑好后，应给予充分养护，使其获得合适的强度，避免产生裂缝或者脱落。

（2）防水层施工。在各式钢筋混凝土涵洞的洞身、端墙和基础顶面以上的部位，凡被土掩埋部分的表面均应设置防水层。涵洞洞身常见的防水方法中比较传统的为使用黏土防水层防水，现代主要采用铺设防水卷材和涂刷防水涂料两种方法。当采用后两种防水方法施工时，首先应注意清理基底，保持构件表面平整密实、清洁无浮灰，填缝有用到水泥砂浆的还应等其形成应有的强度，且表面干燥，局部潮湿位置可采用烘烤法处理。铺设防水卷材法和涂刷防水涂料法施工的适宜温度均在 5~35 ℃，气温超出以上范围时需采取对应措施，另外严禁在雨天施工。防水涂料应按指定配比搅拌均匀，随配随用,可采用喷涂法(大风时禁止使用)由低到高连续喷涂作业,亦可采用传统涂刷法完成施工。涂刷作业应注意连续均匀,不漏刷。铺设防水卷材前应先喷涂基层专用处理剂,待表面干燥后,再使用火焰烘烤法由低到高整幅铺设,铺设时应注意及时排汽压实,使卷材与基层黏结牢固,表面平整无空鼓。

卷材搭接采用纵向搭接方式,搭接宽度不小于 10 cm。为避免回填时防水层受到损坏,在完成防水层施工以后,在其外侧还应做保护层,对于圆管涵应采用黏土分层回填至管顶 20 cm 处。

6. 洞口施工

涵洞洞口主要起到引导水流、保护路基和涵洞的作用。涵洞洞口有多种形式,公路上比较常见的主要有端墙式和八字翼墙式两种。

当涵洞轴线与道路斜交时,洞口多采用斜交斜做形式。对于预制安装式洞口,预制八字翼墙的地基承载力和基础埋置深度应满足设计要求。翼墙(或端墙)、帽石与洞身等衔接应平顺。预制洞口各接缝应位置正确,填缝无空鼓、裂缝及漏水现象。洞口各构件安装应平顺、稳固,防水施工应符合设计规定。沉降缝应竖直、贯通,其填缝应密实、饱满。勾缝砂浆强度不得低于洞口混凝土材料强度。

洞口施工完成后应及时整理涵洞进出水口的沟床,使之与上下游导流、排水设施连接圆顺、稳固,保证流水顺畅,并按设计要求用块石等材料铺砌洞口基础及截水墙。

7. 涵槽回填土施工

涵槽回填土施工应在洞口现浇混凝土或预制洞口安装接缝处理完毕且勾缝砂浆强度达到标准值的 90% 后进行。回填应采用水稳性好的材料在洞身两侧不小于 2 倍跨径范围内水平分层对称进行,分层碾压,各层压实后的厚度应小于 20 cm,压实度应符合设计和规范的要求。

涵洞两侧回填土碾压,压实机械沿平行于涵洞长度方向对称作业，洞身外侧 0.5 m 范围内采用小型压实机械辅助碾压。

涵洞顶板上方覆盖回填时，在厚度小于 0.5 m 范围应采用小型静压设备压实，压实设备的运行方向应与结构轴线垂直。禁止于涵洞上方通过重型设备，或局部堆放重物或弃方。圆管涵涵背填土施工如图 4-15 所示。

图 4-15　圆管涵涵背填土施工

模块 3　钢筋混凝土盖板涵现浇施工基本技能

钢筋混凝土盖板涵的施工有现浇和预制拼装两种工艺，预制拼装施工方法与前述钢筋混凝土圆管涵装配式施工方法基本相同，所以本部分重点讲述盖板涵现浇施工工艺，该工艺也可应用于拱涵、箱涵现场浇筑施工。

一、钢筋混凝土盖板涵的基础形式

钢筋混凝土盖板涵的基础形式包括整体式、非整体式、板凳式三种。

1. 整体式基础

整体式基础是指两侧洞墙下面和涵孔中间使用整块混凝土浇筑的基础。整体式基础用于压缩性很小的各类地基（包括岩石地基）上，不得用于湿陷性黄土地基，一般要求地基基本承载力大于 200 kPa。盖板涵的整体式基础形式如图 4-16a 所示。

2. 非整体式基础

非整体式基础又称分离式基础，是指两侧洞墙的下面不相连接，为各自独立的现浇混凝土或浆砌片石基础。非整体式基础主要用于压缩性极小，土壤密实度在"密实"以上的各类土地基和岩石地基上，地基基本承载力必须大于 500 kPa。盖板涵的非整体式基础形式如图 4-16b 所示。

3. 板凳式基础

板凳式基础是指两侧洞墙下面的混凝土基础之间用较薄的混凝土或钢筋混凝土板在顶部连接，两者一起浇筑，形成的似板凳面的基础。板凳式基础主要用于压缩性极小，土壤密实度基本在"密实"以上的砂土和"中密"以上的碎石土以及岩石地基，地基基本承载力必须大于 400 kPa。盖板涵的板凳式基础形式如图 4-16c 所示。

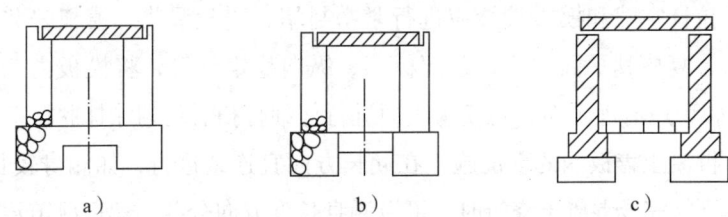

图 4-16 盖板涵的基础形式
a) 整体式基础 b) 非整体式基础 c) 板凳式基础

二、钢筋混凝土盖板涵基础、墙身和盖板浇筑施工

基底处理检验合格后，由测量人员再次放线定出涵洞轴线和边线，即可开始盖板涵基础钢筋绑扎工作，该工作可现场进行，亦可将事先绑扎好的钢筋骨架现场进行定位对接。

钢筋绑扎须严格按照设计图样和技术规范要求进行。现场重点针对钢筋位置、直径、长度、间距、数量、搭接长度等进行检查。

绑扎好的钢筋应注意做好防护，确保钢筋表面清洁、无锈蚀、无污染。钢筋检验合格后应及时进入下道工序。

钢筋混凝土盖板涵顶板现浇施工采用满堂支架进行支撑（拱涵采用定型钢拱架）。支架选材、支架搭设应满足《建筑施工碗扣式钢管脚手架安全技术规范》（JGJ 166—2016）的要求。支架作用于涵底混凝土上，每根支架的顶端均须安装一个高程调整螺栓。根据高程测量放样结果，适当调整支架高度，确保每根支架的顶面高程和整体平整度符合要求。浇筑混凝土前，对支架应进行承荷预压试验。

现浇施工模板推荐使用整体式钢模，如采用木制胶合板模板，应保证模板具有足够的强度、刚度和稳定性，且平整度满足施工要求。模板安装前应先准确放出模板安装位置边线，进行模板准确定位。对墙身模板采用穿 PVC 管拉杆对拉和外部斜撑的方式予以固定。拉杆空隙和模板接缝应进行紧密封堵，避免漏浆。模板安装完毕后，复核其平面位置、顶部标高、纵向稳定性等，将模板内杂物（积水等）清理干净，对模板表面进行仔细打扫后均匀涂抹脱模剂。

混凝土盖板涵的现浇施工在涵长方向宜连续进行，如涵身较长，一次不能完成混凝土浇筑时，可沿涵身长度方向分节，然后跳节浇筑施工，如图 4-17 所示。施工缝应设在涵身的沉降缝处。现浇墙身和混凝土拱圈时，应对称分层浇筑，最后浇筑拱顶，或在拱顶预留合龙段最后浇筑并合龙。混凝土原材料、配合比等指标需满足规范要求。

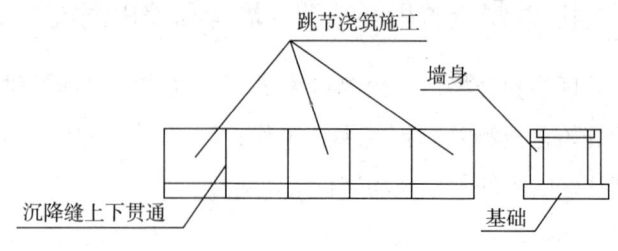

图 4-17　钢筋混凝土盖板涵跳节浇筑施工示意图

不同节段浇筑前，对于新旧混凝土接触面应仔细进行凿毛冲洗，在清除杂物（积水等）后涂刷同等强度水泥砂浆，有防水要求的应按照设计要求进行填缝或安装防水板。

基础混凝土强度达到设计强度的 70% 后，方可在底板上立模浇筑侧板及顶板。墙身、台帽混凝土强度达到 2.5 MPa 以后才可以拆除侧模。

支架拆除和涵顶填土应符合下列规定。

（1）先拆除支架再进行涵顶填土时，顶板或拱圈混凝土的强度应符合设计规定。设计未规定时，应在顶板或拱圈混凝土的强度达到标准值的 85% 后，方可拆除支架；达到标准值的 100% 后，方可进行拱顶填土。

（2）在支架未拆除的情况下进行涵顶填土时，顶板或拱圈混凝土的强度应符合设计规定。设计未规定时，顶板或拱圈混凝土强度应达到标准值的 85% 后，方可进行涵顶填土；达到标准值的 100% 后，方可拆除支架。

模块 4　钢筋混凝土箱涵顶管施工基本技能

目前，在顶管施工中最为流行的有三种平衡理论：气压平衡、泥水平衡和土压平衡。在这三种理论的指导之下，根据不同的地质情况、施工条件和设计要求，施工现场也衍变出很多顶管施工的方法，常见的主要有手掘式、挤压式、泥水平衡式、三段两铰型水力挖土式、多刀盘土压平衡式等。无论哪种施工方法其工艺流程都大致相同。

在建筑领域，顶管施工主要用在城市管廊、地下铁路、管线设施等领域，且有各种顶管机械，如地下管廊所使用的矩形顶管机等。

公路交通领域的顶管施工，目前则主要有穿越铁路设施时的箱涵顶管施工。箱涵顶管施工也是接下来要介绍的主要内容。

一、准备工作

因顶管施工作业在地下进行，拟穿越地段地面交通情况往往比较复杂，因而施工前必须做好充足的准备以保证施工安全。

1. 技术准备

根据现场实际工作条件合理选择顶进作业方式，完成方案设计与审批，编制施工组织设计（用来指导施工项目全过程的综合性文件），对全体施工人员进行培训、安全技术交底，完成施工测量放样。

2. 现场准备

现场做到"四通一平"，满足施工方案设计要求。按照图样，用全站仪完成涵洞位置放样，定出涵洞洞口（进口、出口）、工作坑、接收井中心桩、纵横轴线和开挖边线等的位置。完成既有线路的加固工作和施工监测的测点布置；完成工作坑作业范围内的地上构筑物、地下管线调查，并进行改移或采取保护措施。顶进作业应在地下水位降至基底以下 0.5~1.0 m 后进行，并宜避开雨期施工。若不得已必须在雨期施工，必须做好防洪及防雨排水工作。

3. 物资准备

设备和材料按计划进场，并完成验收。

二、施工过程

1. 工作坑布置

工作坑又称工作井，是为预制和顶进箱涵而设置的工作区域。工作坑的位置、大小和深度等可依据现场实际情况、箱涵的规模、顶进长度、顶进方式等来确定。有条件的可采用放坡开挖支护的方式进行，四周应按要求做好隔离和防护措施。

工作坑底部沿顶进方向一般布设有头高尾低的滑板构造。滑板既是待顶进箱体浇筑的基础，又是箱体顶进时的滑道。滑板要有适当的强度和刚度，为防止地基软化，坑底滑板四周需做好排水工作。滑板底部与坑底土层之间要有足够的摩擦力，以防箱体启动时带动滑板。滑板顶面需保持一定的平整度，并做好润滑隔离。如是预制箱体顶进，坑底滑板可转换为滑移轨道。

后座墙是箱涵顶进施工中重要的临时结构，它承受顶进时的水平顶力，与施工顺利与否关系极大。如果后背墙不牢固，顶进时发生较大移动，就有可能把箱体顶偏，甚至造成不能继续顶进的严重后果，因而设计方案时必须仔细分析和认真计算。现有工程的后座墙多采用复合式构造。

2. 顶进设备的检查与布置

箱涵顶进设备主要包括千斤顶、高压油泵、中继间及出土设备等。为避免千斤顶故障而影响工程进度，现场应有备用设备。

布置千斤顶时，以箱体中心线为轴对称设置。顶力合力作用点与管壁反作用力作用点应在同一轴线，防止造成顶进偏差。为防止箱体因直接承受顶力而碎裂，在千斤顶与箱体之间应设置承压钢板或顶铁。

3. 顶进施工前准备工作

（1）安装、调试顶进设备。箱体和后背墙建成后即可安装顶进设备。将各种传力设备和液压系统油管电路按照设计和说明书要求安装连接，检查无误后开动千斤顶空顶进退一次进行调试，如发现问题应及时进行检修。

（2）线路加固检查。开顶前必须对线路加固情况进行全面的检查。检查内容为：加固是否符合设计要求，加固部件有无侵入限界的情况，加固扣件有无松动和脱落的情况，钢横梁与既有线路钢轨接触处是否绝缘良好等。

(3) 箱体检查与表面润滑处理。箱体顶进前应检查验收箱涵主体结构的混凝土强度和后背墙的抗推移能力,确保其符合设计要求。箱体表面防水层及保护层应按设计完成。在保护层外压注水泥浆或高性能触变泥浆作为润滑剂,以减少顶推时箱体受到的摩擦阻力。

(4) 设立观测站。在箱体后方距离后背墙稍远处设立观测站,以观测框架顶进时的中线和水平偏差。

(5) 安全防护、应急准备。清理工作坑,拆除电源线和与涵身相连的一切脚手架,清理地面上的零星钢筋头、竹子,修整滑车道等。落实防护人员责任和防护信号工具、防护标志牌配备,落实工地间的通信情况,并与所穿越的线路管理部门进行联系,签订安全协议等。

4. 试顶

试顶的目的是继续检查顶进设备是否正常,顶力是否均匀,后背墙、滑板和箱体有无异状,并使箱体与滑板分离。

(1) 试顶时,现场必须有主管施工技术人员专人统一指挥。

(2) 先启动液压泵空转一段时间,系统、电源、仪表均无异常情况时再进行试顶。

(3) 试顶时,应逐渐给油泵加压,每次加压后还要稳定 10 min,并对设备、滑板、箱体、后背墙等发生变形的情况进行检查。如发现异常情况,应立即停止顶进,找出原因并采取措施解决后方可重新加压顶进。

(4) 当顶力达到 0.8 倍的结构自重时,如箱体仍未启动,应立即停止顶进,找出原因并采取措施解决后方可重新加压顶进。

(5) 箱涵启动后,应立即检查后背墙、工作坑周围土体稳定情况,如无异常情况,方可继续顶进。

5. 顶进作业

顶进前应按照线路加固设计完成线路加固工作，并经主管部门检验合格。加固设施监护、调整人员到位，指挥联络系统已经建立，调度令已下达，方可开始挖土顶进。

顶进工作的过程如下。当前方箱体经挖土完成一个顶程后，即可开动高压油泵，使千斤顶产生顶力，通过传力设备，借助于后背墙的反作用力，推动框架前进。框架前进后，回复油缸使千斤顶复原，然后在空隙处填放顶铁，以待下次顶进。如此循环往复，使箱体就位。

根据箱涵的净空尺寸、土质情况，可人工挖土或机械挖土。一般宜选用小型反铲挖土机按设计坡度开挖，每次开挖 0.4~0.8 m 长，配装载机或挖掘机和汽车运土。顶板切土、侧墙刃脚切土及底板前清土均须人工配合完成。箱体两侧应欠挖 50 mm，钢刃脚切土顶进。斜交涵施工时，前端锐角一侧清土困难应优先开挖。设有中刃脚时，应紧切土前进，使上下两层隔开，不得挖通，平台上不得积存土料。

列车通过时严禁继续挖土，施工人员应撤离开挖面。当挖土或顶进过程中发生塌方，影响行车安全时，应迅速组织抢修加固，做有效防护。

挖土工作应随时根据箱涵顶进轴线和高程偏差，采取纠偏措施。箱涵顶进施工如图 4-18 所示。

6. 顶进施工的测量与校正

（1）测量工作。为了准确掌握箱涵顶进的方向和高程，应在箱涵的后方设立观测站，观测箱涵顶进时的中线和水平偏差。观测站应距离后背墙稍远，以免后背墙变形而影响观测仪器的稳定。观测站内应设全站仪及水准仪各 1 台。在箱涵洞内 4 个角上应安设 4 个水平尺（进行高程测量），在箱涵一侧的前后端各设 1 个标尺（进行顶进方向偏差的测量）。

图4-18 箱涵顶进施工

测量工作对箱涵顶进很重要,必须每顶一镐测量一次高程和左右方向偏差,并做好记录。对仪器、基准点及标尺等要经常检验,核对位置,如误差较大时,应及时校正。为避免洞内施工对观测工作的干扰,在布置标尺时,应使其位置能保证通视或能调整观测站的位置。

(2)校正工作。常用的校正方法有下列几种。

1)加大刃脚阻力,避免箱涵低头。

2)在刃脚处适当超挖,调整抬头现象。甚至还可以将底刃脚前的挖土平面,降至箱涵底面以下 1~2 cm。一般当箱涵重心行进到开始超挖点附近时,箱涵高程才会逐渐发生变化。

3)校正水平偏差的几种情况。开始顶进时,箱涵在滑板上顶进,此时极易发生方向偏差,应依靠箱涵两侧设置在滑板上的方向墩进行校正。在箱涵入土初期,方向的校正最为重要。必须在箱涵入土前,把正方向,以避免发生误差。箱涵顶出滑板后的方向,一般可用调整两侧顶力或增减侧刃脚阻力的办法进行校正。

4)预防为主,校正为辅。箱涵体积大,顶进行程长,如发生过大的高程和方向偏差,校正工作颇困难。因此,在顶进工作中,必须树立"预防为主、校正为辅"的思想,稳步前进。通常多将工作坑中的滑板留1%的仰坡,使箱涵顶出滑板时有一个预留高度。为了防止箱涵低头,还可在箱涵前端底板下设"船头坡"。船头坡不宜太陡,一般坡长1 m,坡度5%,形成上坡的趋向,必要时也可垫混凝土板。

7. 季节性施工技术措施

(1)箱涵顶进应尽可能避开雨期。确需在雨期施工时,应在汛期之前对拟穿越的路基、工作坑边坡等采取切实有效的防护措施。

(2)雨期施工时应做好地面排水,工作坑周边应采取挡水围堰、排水截水沟等防止地表水流入工作坑。

(3)雨期施工开挖工作坑(槽)时,应注意保持边坡稳定。必要时可适当放缓边坡或设置支撑,并经常对边坡、支撑进行检查,发现问题要及时处理。

(4)冬雨期现浇箱涵场地上空,宜搭设固定或活动的作业棚,以免受天气影响。

(5)冬雨期施工应确保混凝土入模温度满足规范规定和设计要求。